簡帛《五行》箋釋

魏啓鵬◎著

目　錄

弁言　5

楚簡《五行》校箋　7

帛書《五行》校釋
（原《馬王堆漢墓帛書〈德行〉校釋》）　57

馬王堆漢墓帛書《四行》校箋　133

帛書《五行》研究札記　141

附　錄

論魯穆公變法中的子思
郭店楚簡《魯穆公問子思》及相關問題研究 /席盤林　179

弁 言

　　十餘年前，嘗研讀馬王堆漢墓出土《老子》甲本後古佚書之第一種，以其全篇皆體現子思子"尊賢以崇德"之旨，又以心爲君，"舍其體而獨其心"爲慎獨，皆子思"五行"說精義，五行者德之行也，鑑於帛書開端文句殘缺，故鄙見擬以"德行"題篇，於是有《帛書〈德行〉校釋》之作。又蒙學長龍晦先生、帛書整理小組主持李學勤先生先後審閱並賜序，以爲拙作不謬，遂及問世。前輩扶掖，銘感於心，感不自勵，知拙作之不足，帛書之玄深，難處甚多，非一時所能盡解，故琢磨推敲，正己淺誤，時有所得，批於簡端。

　　一九九八年《郭店楚墓竹簡》正式公佈，其中《五行》凡五十簡，首尾完整，開篇則曰："五行：息型於內胃之悳之行"，適足以正鄙見之誤，據先秦古書通例，以首句二字名篇，是書當定名《五行》無疑。一九九九年夏末秋初，始作楚簡《五行》劄記，校讀箋疏。楚簡本無《五行》之〈說〉，然帛書本《五行》之〈說〉爲迄今唯一古註，其解詁對理解《五行》古義十分重要，非它書可以取代，故多有引用，並加疏證。人道蒼茫，學問無涯，余已二毛，識思隨年華而運，《楚簡〈五行〉校箋》與舊作頗多差異，其中深淺損益正誤，讀者自能品味。郭店楚簡既出，成爲海內外學術界一研究熱點，不少專家學者肯定了《帛書〈德行〉校釋》不失爲對研究郭店楚簡《五行》有價值的參考書。故略加修訂，校正釋文訛誤，與新作都爲一集，題曰《簡帛〈五行〉箋釋》。

　　江右席盤林君，辭教席而負笈入蜀從余遊，研讀楚簡《魯穆公問子思》，探討其相關問題，撰有《論魯穆公變法中的子思》一文，試分析子思子與郭店楚簡佚書之思想聯繫，頗具見解，故一併收入，供參考指正。

　　承蒙輔仁大學丁原植教授熱心推薦，萬卷樓圖書公司許錟輝、梁錦興先生慨允出版，列入《出土文獻譯注研析叢書》，對他們表示衷心感謝！郭黎華副教授以《昭明文選》李善注整理、輯佚工作，暑期訪問四川大學楊明照老前輩，故得會見討論，郭女士撰有《五行》篇與禮樂、五行觀研究的幾篇大作，余受益匪淺，亦在此致謝。

期待著讀者和同行專家的批評教正。

魏啟鵬

一九九九年十月九日

楚簡《五行》校箋

【原整理本說明】：

本篇竹簡共五十枚。竹簡兩端修削成梯形，簡長三二·五釐米，偏線兩道，偏線間距爲一二·九——一三釐米，本篇文字與馬王堆漢墓帛書《老子甲卷後古佚書》中《五行》篇之經部大體相同，但個別文句或段落先後次序不同，文句多寡和用字也有所不同。文中的"五行"指仁、義、禮、智、聖。帛書本《五行》的篇題爲整理者所擬加，其全文起始部分，亦即與帛書《老子》甲本交接的部分，殘損較甚，情況不是很清楚。簡本首簡完整，全文以"五行"兩字開頸，應是對緊接於下的"仁刑於內謂之德之行，不形於內謂之行"等五句的總括之詞。估計當時即以"五行"名篇。

五行：

悬（仁）型（形）於內胃（謂）之悳（德）之行，不型（形）於內胃（謂）之行。

義型（形）於內胃（謂）之悳（德）之（以上簡一）行，不型（形）於內胃（謂）之行。

豊（禮）型（形）於內胃（謂）之悳（德）之行，不型（形）於內胃（謂）之（以上簡二）□。

□□於內胃（謂）之悳（德）之行，不型（形）於內胃（謂）之行。

聖型（形）於內胃（謂）之悳（德）（以上簡三）之行，不型（形）於內胃（謂）之悳（德）之行。 ■

【校箋】

五行：

案：五行，指德之行在五方面的修養及體現，猶後文析所稱"德之行五"。"德"，乃儒家所傳述的文、武周公之道的重要觀念，唯有"德"者方能受命，得人心，治天下。《詩·大雅·皇矣》："帝謂文王，予懷明德。" 《詩·周頌·維天之命》："於乎不顯文王，之德之純，假以溢我。" 《書·文侯之命》："丕顯文武，克慎明德，昭升於上。"《尚書大傳》卷五："孔子曰：'吾于《誥》也，見周公之德，光明于上下勤施四方。旁作穆穆，至于海表，莫敢不來服，莫敢不來享，以勤文王之鮮光，以揚武王之大訓，而天下大洽。'"皆是其證。故《書·洪範》有"三德"之言，《逸周書·寶典解》有"九德"之備，《周禮·

地官·師氏》有以"三德"、"三行"教國子之法。儒學既興，"德行"列爲孔門四科之首。戰國以還，子思、孟軻一派復以"仁、義、禮、智、聖"五者概括德之行，說王公，勉士人，以正人心而濟天下也。

愳（仁）型（形）於內胃（謂）之惪（德）之行：

案：愳，從心、身聲，即《說文》"仁"字古文。《說文》："古文仁，從千、心"，楚文字"身"、"千"二字形甚相似，易混淆。郭店楚簡本"仁"字皆作"愳"。

型借爲形，二字皆爲井字聲系，故得通假。形，謂形成。《刊謬補缺切韻·青韻》："形，成也"。

內：內心、心中。《禮記·禮器》："無節於內容者。"孔穎達疏："內猶心也。"

惪，古文德。《說文》："惪，外得於人，內得於己也。從直，心，古文。" "所謂外得於人者，即後世'恩德'、'德澤'就施者言也；所謂內得於己者，即歷世所謂'道德'、'德行'之義，就受之自天之品質言，以今語釋之，即德字之本體也。此許說至精之處也。"（說詳姜昆武《詩書成詞考釋》卷三）

《通典》卷五十三引《周禮·地官·師氏》馬融注："德行，內外之稱。在心爲德，施之爲行。"德行，簡文"德之行"，含有修身之義。行之於己，正心修身也。《論語·公冶長》："其行己也恭。"劉寶楠《正義》："行己恭，則能修身。"參考《大戴禮記·朝事》："禮樂謂之益習，德行謂之益修"，"諸侯相與習禮樂，則德行修而不流也。"《周易·乾卦·文言傳》："君子以成德爲行，日可見之行也。"

不型（形）於內胃（謂）之行：

案：德不內形之人，其所爲所行非德之行，而僅屬執行，奉令而行，猶《孟子·公孫丑上》所指"人役也"。《公羊傳·桓公十四年》："行其意也。"何注："以己從人曰行。"

義型（形）於內胃（謂）之悳（德）之行：

案：帛書本與此對應的第二句，乃言"知（智）刑（形）於內"，次序有別於簡本。

豊（禮）型（形）於內胃（謂）之悳（德）之行，不型（形）於內胃（謂）之□：

案：首章五句排比而下，句例相同。此句缺字當補爲"行"。

□於內胃（謂）之悳（德）之行：

案：據上下句例及五行之稱，此句缺文當補爲"智型（形）"。

不型（形）於內胃（謂）之悳（德）之行：

案：此句就"聖"而言，據帛書與此對應的第五句，"悳（德）之"乃衍文，涉上文而誤植。帛書《五行》二一六、二一七行，《說》云："刑則不忘，不忘者不忘其所□也，聖之結於心也者也。"子思子亦有"心之精神是謂聖"的論點，《鶡冠子·泰錄》亦稱"內聖者，精神之原也，莫貴焉"。偏若以聖不內形。而仍不失爲德之行，則與上述諸說大相扞格，不可從也。

整理本指出：本篇簡文以小黑方塊爲分段的符號，但有時也用作分句的符號。釋文對用來分句的符號略去不表示，對用來分段的，加以保留。簡文以上一段中所述五行之序，爲仁、義、禮、智、聖。帛書此段嚴重殘損，所述五行，後二者爲禮、聖，前三者據整理者所補文字，依次爲仁、智、義。其次序與簡本有異。

謹案：《五行》首章，所言仁、義、禮、智、聖形於內謂之德之行亦即德形於內，乃一篇之總綱。五行相和，大德備成，上昭於天，邦家大治，其思路殆與《大學》"明明德"之說屬同一思想體系。參看《呂氏春秋·精通》："德也者，萬民之宰也。月也者，群英之本也。月望則蚌蛤實，群陰盈；月灰晦蚌則蛤虛，群陰虧。夫月形乎天，而群陰化乎淵；聖人形德乎己，（劉殿爵校：‘形德’疑當作‘德形’。）而四方咸飭乎仁。"又《淮南子·要略》："所以覽五帝三王，懷天氣，抱天心，執中含和，德形於內，以耆凝天地，發起陰陽，序四時，正流方，綏之斯寧，推之斯行，……德不內形而行其法籍，專用制度，神祇弗應，福群不歸，四海不時，兆民弗化。故德形於內，治之大本。"兩文對"德形於內"之旨皆有所發揮。

　　悳（德）之行五，和胃（謂）之悳（德），四行和胃（謂）之善。善，人（以上簡四）道也。悳（德），天道也。

　　君子亡审（中）心之悳（憂）則亡审（中）心之智，亡审（中）心之智則亡审（中）心（以上簡五）□□，亡审（中）心□□□安，不安則不藥（樂）則亡悳（德）。

【校箋】

四行和胃（謂）之善：

　　案：四行，仁、義、禮、智也。《禮記·喪服四制》："有恩有理，有節有權，取之人情也。恩者仁也，理者義也，節者禮也，權者知也。仁義禮知，人道具矣。"孔穎達疏："門內主恩，門外則有節變而行義。尊卑有定，以節為限。不能備禮，則變而行權。恩屬於仁，理屬於義，節屬於禮。量事權宜，非知不可。"

亡审（中）心之智則亡审（中）心□□：

　　案：據帛書本"無中心之知（智）則無中心之說（悅）"，缺文當補為【之說】。

亡宙（中）心□□□□安：

案：據帛書本"無中心之說（悅）則不安"，缺文補爲【之說則不】。

不安則不藥（樂）：

案：藥從樂得聲，二字大韻同隸藥部，其聲爲舌音喻，來旁紐，故得通借。《易·無妄·九五》："無妄之疾，勿藥有喜。"馬王堆帛書本藥作樂，是其證。

不藥（樂）則亡惪（德）：

案：此句藥（樂）謂禮樂之樂，言致樂以治心，爲樂而彰德。參看《史記》引《樂記》："德者，性之端也；樂者，德之華也；……是故情深而文明，（張守節《正義》："德爲性本，故曰情深也。樂爲德華，故云文明。"）氣盛而化神，（張氏《正義》："歌、舞、蹈，樂氣從之，故云氣盛。天下咸寧，故曰化神。"）和順積中而英華發外，唯樂不可以爲僞。""樂者，心之動也；聲者，樂之象也；文采節奏，聲之飾也。君子動其本，樂其象，然後治其飾。（張氏《正義》："本，德也。心之動必應德也。德行必應法也。飾，文采節奏也。前動心有德，次行樂有法，然後乃理其文飾也。"）……獨樂其志，不厭其道，備舉其道，不私其欲。是以情見而義立，樂終而德尊。"可以發明斯旨。

此句之後，帛書本猶有一段："【君子】無中心之憂則無中心之聖，無中心之聖則無中心之說（悅），無中心之說（悅）則不安，不安則不樂，不樂則【無】德。"通觀《五行》之經與說，皆以"聖"、"智"對舉，疑簡本抄寫脫漏。

五行皆型（形）于內而時行（以上簡六）之，胃（謂）之君【子】。士又（有）志於君子道，胃（謂）之時（志）士。

善弗爲亡近，惪（德）弗（以上簡七）之（志）不成，智弗思不得。思不清不諟（詧），思不倀（長）不型（形），不型（形）不安，不安不藥（樂），不藥（樂）（以上簡八）亡惪（德）。

■

【校箋】

爲胃（謂）之君□：

案：據帛書本，缺文爲【子】。

士又（有）志於君子道胃（謂）之時（志）士：

案：又（有）志，有志向也。《論語·述而》："志於道。"皇侃疏："志者，在心向慕之也。"

惪（德）弗之（志）不成：

案：整理本以"之"讀爲志，可通。《孟子·公孫丑上》："志者，氣之帥也。"趙注："志，心所念慮也。"《大戴禮記·子德問入官》："貫乎心，藏乎志。"盧辨注："志者，心之府也。"以上二句言，善不爲之則不能近善，德不深念於心則不能成德。

思不清不譽（詧）：

案：末一字從張光裕教授說：從言從業，今統一隸爲"詧"。"詧"字亦屢見於包山楚簡。《說文》云："詧，言微親詧也。從言，察省聲。"參看《禮記·緇衣》："故君子多聞，質而守之；多志，質而親之；精知，略而行之。"鄭注："精知，執慮於眾也。精，或爲清。"孔穎達疏："謂精細而知，執慮於眾，要略而行之。"詧，察也。《賈子·道術》："精微皆審謂之察。"

　　不惡（仁），思不能清。不智，思不能倀（長）。

不悬（仁）不智，未見君子，惡（憂）心（以上簡九）不能悢悢；既見君子，心不能兌（悅）。"亦既見止（之），亦既詢（觀）止（之），我心則（以上簡十）□"，此之胃（謂）□。□悬（仁），思不能清。不聖，思不能翌（輕）。不悬（仁）不聖（以上簡十一），未見君子，惡（憂）心不能忪（仲）忪（仲）；既見君子，心不能降。▪

【校箋】

不悬（仁）不智：

> 案：整理本注指出，"簡本謂人如不仁不智，未見君子之時，憂心不能悢悢；既見君子，其心亦不能悅"。以"不仁不智"爲一聯合詞組，不仁又不智也，可爲一解。疑"不仁不智"當屬緊縮複句，言人若不仁則不智也，與《論語·述而》："不憤不啓，不悱不發"、〈鄉黨〉："不時不食"，及《左傳·昭公十一年》："不道不共，不昭不從"句例相同。"仁"居五行之首，與"智"相輔相成。不仁者，其思不能無邪，其智不能安仁，"見賢人而不知其有德"，"見賢人而不色然，不知其所以爲之"，故謂之不智。（參看帛書《五行》之〈說〉二七三、二七四、二八三行。）而智者當能利仁（《論語·里仁》）、安仁，"不知（智）不人，不知所愛則何愛，言仁之乘知而行之"。（參看帛書《五行》之〈說〉二四四、二四五行。）
>
> （※《校箋》引帛書《五行》之〈說〉，多據 1980 年整理本。）

惡（憂）心不能悢悢：

> 案：悢悢，憂愁貌。《說文》："悢，憂也。《詩》曰：'憂心悢悢。'一曰：意不定也。"既云憂心，又言不能悢悢，自相牴牾，義不可通，此文宜在"能"下斷句，作"憂心不能，悢悢！""不能"猶言不耐，

不任。古"能"、"耐"音同互通,《荀子·正名》楊注:"能當爲耐,古字通也。耐,謂堪任其事。"《漢書·高帝紀下》顏注引如淳曰:〈說〉〈說〉"耐猶任也,任其事也。"王力先生以能、耐,耐、任爲同源字。(見《同源字典·之部》)

"憂心不能",意爲憂心沉重得令人難以負擔,下文復以"惙惙"渲染之,極言其憂也重,人何以堪。

既見君子,心不能兌(悅):

案:"君子",所思所慕者也。未見則憂,既見亦憂。以上二句譬喻"仁"與"智"的關係未能正確整合,則正心修身而有志於道者不免進退失據,陷於苦惱。

亦既見止(之),亦既詢(覯)止(之),我心則□。此之胃(謂)□:

案:帛書本在"亦"字前有"《詩》曰"二字,四句見今本《毛詩·召南·草蟲》。缺文據帛書本,補爲"兌(悅)"。《毛詩·草蟲》傳:"覯,遇。"孔穎達疏引《易》注:"覯,合也。"簡文引此詩,譬喻有志於道者仁、智和合,其心則悅以樂。參看《說苑·君道》引魯《詩》說:"'亦既遘止,我心則悅。'孔子曰:'《詩》之好善道之甚也如此。'""此之胃(謂)□",缺文當爲"也"。

□悬(仁),思不能清:

案:缺文當補爲"不"。

不悬(仁)不聖:

案:此與上文"不悬(仁)不智"句式相同,亦緊縮複句。既仁且聖,是儒家德行觀之最高境界,孔子有言:"若聖與仁,則吾豈敢?抑爲之不厭,誨人不倦,則可謂云爾已矣。"(《論語·述而》)聖人之爲聖人，因爲他首先是一位仁人。《周書序》載，"西伯脩仁"。存文王之爲聖人，與他首先重仁，修仁密切相關，故能受天之大命。《尚書大傳》卷五："《書》曰：'惟乃丕顯考文王，克明俊德。'周人以仁接民，而天下莫不仁。故曰大矣。文王在位而天下大服，施政而物接聽，禁則止，動搖而不逆天之道。故曰'天乃大命文王'。"《大戴禮紀·誥志》："百姓盡於仁而遂安之，此古之明制之治天下也。仁者爲聖，貴次，力次，美次，射御次，古文治天下者必聖人。"故《禮紀·表紀》曰："仁者天下之表也。"以上皆可以發明"不仁不聖"之旨。

未見君子，惪（憂）心不能忪（忡）忪（忡）：

案：此與前文"惪（憂）心不能"意同，亦當於"能"字下斷句。忪忪，《毛詩·小雅·出車》作"忡忡"〈草蟲〉毛傳："忡忡，猶衝衝也。"乃擔憂而心神不定之貌。傳世字書未見"忪"字，古音多、中二聲皆爲多部端紐，故"忪"得借爲"忡"。

既見君子，心不能降：

案：降，下也。"心不能降"猶今言"放心不下"，掛慮不已。此句〈出車〉作"我心則降"。以上四句似略加化裁《詩》意，殆譬喻不明由仁入聖之途，思不能清，更不能超越憂煩之困擾。

息（仁）之思也清，清（以上簡十二）則譓（詧），譓（詧）則安，安則悃（溫），悃（溫）則兌（悅），兌（悅）則憙（戚），憙（戚）則新（親），新（親）則悡（愛），悡（愛）則玉色，玉色則型（形），型（形）則息（仁）（以上簡十三）。■

智之思也倀（長），倀（長）則得，得則不亡（忘），不亡（忘）則明，明則見臤（賢）人，見臤（賢）人則玉色，

17

玉色則型（形），型（形）（以上簡十四）則智。　■

【校箋】

清則暜（詧）：

> 案：詧讀爲察。《大戴禮記·文王官人》：“徵清而能發，度察而能盡，曰治志者也。”王聘珍《解詁》：“徵，明也。發謂發見。《儀禮》曰：‘發氣焉盈容。’〈孔子閒居〉曰：‘清明在躬，志氣如神。’察，審也。”

安則悃（溫）：

> 案：“悃”字乃“恩”之別構，張光裕教授隸簡文此字爲“恩”。恩、溫，古音同爲文部、影紐，故得通借。（從周祖謨先生說：“恩”隸文部。）參看《大戴禮記·曾子立孝》：“盡力而有禮，莊敬而安之，……居處溫愉，著心於此，濟其志也。”

兌（悅）則嚊（戚）：

> 案：整理本注曰：“嚊，於句中讀作‘戚’，參看朱德熙先生《釋嚊》（《朱德熙古文字論集》一至二頁）。”戚，通作俶，親近也。《小爾雅·廣詁》：“戚，近也。”《廣雅·釋詁三》：“俶，近也。”

惡（愛）則玉色：

> 案：帛書本一八二行作“不憂則王色”。古“玉”字作王，與“王”字易混。玉色，言容色如玉之溫潤而有光澤。《禮記·聘禮》：“孔子曰：‘夫昔者君子比德於玉焉：溫潤而澤，仁也。’”

玉色則型（形），型（形）則悬（仁）：

> 案：此二句言玉色形於外，而仁則形於內。

不亡（忘）則明，明則見臤（賢）人：

> 案：參看《荀子·解蔽》："知賢之謂明。" 《賈子·大政上》："君以知賢爲明。"

玉色則型（形），型（形）則智：

> 案：仁之思在偯親之愛中玉色外形，智之思則在見賢尊賢之中玉色外形，智亦形於內矣。

聖之思也翌（輕），翌（輕）則型（形），型（形）則不亡（忘），不亡（忘）則聰，聰則聏（聞）君子道，聏（聞）君子道則玉音，玉音則型（形），型（形）（以上簡十五）則聖。▪

【校箋】

聖之思也翌（輕）：

> 案："翌"，帛書本作"輕"。帛書《五行》之〈說〉云："聖之思也輕。思也者，思天也；輕者尙矣。"（二一五行）"尙"通"上"。《廣雅·釋詁一》："尙，上也。" "翌"字傳世字者書未見，從羽、至聲，其本義待考，簡文借爲"輕"。《廣雅·釋詁三》："媥，妭，輕也。"王念孫疏證："媥之言翩也。《說文》：'媥，輕貌也。'〈泰〉六四：'翩翩'，《釋文》引向秀注云：'輕舉貌。'翩與媥通。妭之言越也。《說文》：'妭，輕也。' 《爾雅》：'越，揚也。' 是妭與越同義。"由此可知，"輕"有輕舉，飛昇和上揚、超越等含義。故帛書《五行》之〈說〉得以"輕者尙（上）矣"解詁。

翌（輕）則型（形）：

> 案：帛書本《五行》之〈說〉云："輕則刑（形）。刑（形）者，刑（形）

19

其所思也。（二一五行）

型（形）則不亡（忘），不亡（忘）則聰：

案：帛書本〈說〉云：“刑（形）則不忘。不忘者，不忘其所□也，（缺文可補為“志”或“聞志”。）聖之結於心者也。不忘則嘆（聰）。嘆（聰）者，聖之臧（藏）於耳者也，猶孔子之聞輕者之殼（擊）而得夏之盧也。（一九八〇年整理本“殼”釋為鼓。）”《左傳·昭公二十一年》載周景王樂官泠州鳩曰：“物和則嘉成。（杜注：“嘉樂成也。”）故和聲入於耳而藏於心，心億則樂。（杜注：“億，安也。”）”殆為帛書本〈說〉之解詁所本。帛書《德聖》曰：“知天道曰聖。聖者，聲也。”（四五四行）故之所謂“聰者，聖之藏於耳者也”云云，猶言聲、和聲之結於心，藏於耳也。不妨指出，“翌（輕）”亦與音“聲”義相關。《廣雅·釋詁四》：“鎗，聲也。”王念孫疏證引《論衡·說日》篇云：“石賣輕然。”而論曰：“鎗、鏗、輷、輵、輕，義同。”案王說可從，據《廣韻·耕韻》，“鎗”與“鏗”同，慧琳《一切經音義》卷八十一引《考聲》：“鏗，金石聲。”《廣韻·耕韻》：“輷，車聲。口莖切。”以上三字與“輕”古音極近，而義亦同，皆可訓為“聲”。觀簡文前言“翌（輕）則型（形）”，後謂“玉音則型（形）”，其聖之思皆與音聲相關，故曰“聰”，曰“昝（聞）”。帛書《德聖》曰：“其胃（謂）之聖者，取諸聲也。知天者有聲。”“聖之思”之“思”，思天也，其思也輕，亦有聲者也。

昝（聞）君子道則玉音：

案：整理本注：“昝，簡本字形與《汗簡》‘聞’字、《古文四聲韻》引《古老子》及《古尚書》‘聞’字同。”君子道，帛書本《五行》之〈說〉謂“道者，天道也，聞君子道之志耳而知之也”。（二一八行）玉音，帛書本非作“王言”誤，當從簡本。《尚書大傳》卷五：“千七百七十三諸侯，皆莫不磬折玉音。”以玉音喻王者之言語。簡文之玉音，猶德音也。蓋《五行》篇以德為天道（見帛書本一七三行、簡二〇），知天道為聖（見帛書本一九八行、四五四行。簡二六、二七），又以“玉音，聖也。”（帛書本一八七行、簡本一九）故知玉音乃象徵知天道者、有德者之音。參看《國語·周語下》載伶州鳩曰："於是乎道之以中德，詠之以中音。（韋注："中德，中庸之德聲也。中音，中和之音也。）德音不愆，以合神人。神是以寧，民是以聽。"又，《國語·楚語上》："忠信以發之，德音以揚之。" "心類德音，（韋注："類，善也。"）以德有國。"

玉音則型（形），型（形）則聖

　　案：此二句言玉音揚於外，則聖形於內。

　　'罔（淑）人君子，其義（儀）罷（一）也'。能爲罷（一），肰（然）句（後）能爲君子，懿（慎）其蜀（獨）也（以上簡十六）。

　　■

　　"□□□□，淇（泣）涕女（如）雨"。能遍沱（池）其翠（羽），肰（然）句（後）能至哀。君子訫（慎）其（以上簡十七）□□。

【校箋】

罔（淑）人君子，其義（儀）罷（一）也：

　　案："罔"，从女、弔（叔）聲，（甲文、金文伯仲叔季之"叔"作"弔"。）即"婌"字，《廣韻·屋韻》："婌，後宮女官名。"借爲淑。簡文引《詩》，見今本《毛詩·曹風·鳲鳩》。帛書本引作"尸（鳲）凸（鳩）在桑，其子七氏（兮）。叔（淑）人君子，其宜（儀）一氏（兮）。"簡文所鈔脫前二句。

能爲罷（一），肰（然）句（後）能爲君子，懿（慎）其蜀（獨）

也：

案：據帛書本一八四行，簡文"君子"下脫重文符號，當補正。帛書《五行》之〈說〉解詁云"能爲一者，言能以多【爲一】。以多爲一也者，言能以夫【五】爲一也。""君子慎其蜀（獨）。慎其蜀（獨）也者，言舍夫五而慎其心之胃（謂）【獨】。【獨】然笱（後）一。（缺文系據筆者《校釋》補出。）一也者，夫五〈夫〉爲□心也，然笱（後）之一也，乃德已。"（二二二至二二四）

〈說〉解"能爲一"，當爲"德之行五和謂之德"的又一種表述方式，與"好德者之聞均子道而以夫五爲一也"同意，（見帛書〈說〉三四九至三五〇行）正如帛書《德聖》篇所概括："五行刑（形），悳（德）心起。和胃（謂）之悳（德），其要胃（謂）之一。"（四五一行）

〈說〉以"舍夫五而慎其心"釋"慎其蜀（獨）"。舍謂置、安置。《左傳·桓公二年》："飲至、舍爵、策勳焉。"陸德明《釋文》："舍，置也。"慎讀爲順，《荀子·成相》："請不基，慎聖人。"楊注："慎讀爲順。"《禮記·中庸》鄭玄注："君子以慎德。"《釋文》："一本又作順。"言仁、義、禮、智、聖五者既形於內，當各安置其位，而順從於心。蜀（讀），一也、大也。《方言》卷十二："蜀，一也。南楚謂之獨。"錢繹箋疏："獨謂之獨、亦謂之介，大謂之介、亦謂之蜀，一謂之蜀、亦謂之獨，特謂之獨、亦謂之一，義並相通也。"古人以"心者，君主之官。"（《素問·靈蘭秘典論》）《荀子·正名》亦稱"心也者，道之工宰也。""心居中虛，以治五官，夫是之謂天君。"帛書《五行》之〈說〉亦云："心，人□□，人體（體）之大者也，故曰：君也。"（三二一行）"慎其蜀"者，"慎其心"也，簡帛《五行》經文正以"蜀（獨）"喻心君，獨居於上位，人體之尊者，大者也。（參看拙作《帛書五行校釋》）

□□□□淇（泣）涕如雨

案：據帛書本引《詩》爲"嬰嬰于蜚（飛），馺池其羽。之子于歸，袁（遠）送于野。瞻望弗及，汲（泣）涕（女）如雨"，今本《毛詩·邶風‧燕燕》有此詩，簡文有脫漏。

能遍沱（池）其翠（羽），肰（然）句（後）能至哀。君子認（慎）其□□：

案：“遍沱”，乃毛羽短落之狀。遍讀爲屈，短也。《集韻‧迄韻》引《博雅》：“屈，短也。” 《說文‧尾部》：“屈，無尾也。”段注：“《韓非子》曰：‘鳥有翽翽者，重首而屈尾。’高注《淮南》云：‘屈，讀如秋姬無尾屈之屈。……許注云：‘屈，短也。’”案高注見〈原道訓〉，許注見《一切經音義》卷十二引《淮南許注》。沱借爲鬟，二字古音因爲定紐歌部，故得通借。鬟，落、盡也。《方言》卷十二：“鬟，盡也。”郭璞注：“鬟，毛物漸落去之名。” “遍（屈）沱（鬟）其翠（羽）”，言鳴鳥之飛也，其毛羽短落殆盡，故云“然後能至哀”，足見其內心之哀至深。簡本引《詩》，與帛書本引作“砒沱”，今本《毛詩》作“差池”皆不同，而於義爲勝也。

帛書《五行》之〈說〉解“至哀”句以下云：“言至也。砒沱（池）者，言不在唯（衰）絰，不在唯（衰）絰，然笱（後）能【至】哀。夫喪，正経脩領而哀殺矣，言至內者之不在外也。是之胃（謂）蜀（獨）。蜀（獨）者也，舍（捨）膿（體）也。”（二二六、二二七行）

簡文“君子認（慎）其□□”，句尾缺文當補爲“蜀（獨）也”。此段復言君子慎其獨，帛書本〈說〉以“蜀（獨）也者，舍膿（體）也”爲解。〈說〉每以心與膿（體）對舉（見三一七、三二〇、三二一行），“舍體”也者，猶言“舍其體而獨其心也”。舍，捨也。《周易‧晉卦‧象傳》：“獨行正也。”孔疏：“獨，猶專也。”獨其心，謂專心如一。君子順其心專任爲一，故能至內至正，而不在外也。

簡一七與簡一八之間有殘損，此章據帛書本符號劃分。

□子之爲善也，又（有）與司（始），又（有）與冬（終）也。

君子之爲悳（德）也（以上簡十八），□□□□□終也。

金聖（聲），而玉晨（振）之，又（有）悳（德）者也。金聖（聲），善也；玉音，聖也。善，人（以上簡十九）道也；悳（德），而〈天〉□□。唯又（有）悳（德）者，戕（然）句（後）能金聖（聲）而玉晨（振）之。不聰不明，不聖不（以上簡二十）智，不智不惪（仁），不惪（仁）不安，不安不樂，不樂亡悳（德）。

【校箋】

□子之爲善也：

案：據帛書本，缺字當補爲“君”。

君子之爲悳（德）也，□□□□□終也：

案：據帛書本，缺文當補爲“【有與始，亡與】終也”。帛書《五行》之〈說〉解詁此文云：“君子之爲善也，有與終。言與其腊（體）始，與其腊終也。君子之爲德也，有與始，無【與終。有與始者，言】與其腊（體）始；無與終者，言舍其腊（體）而獨其心也。”（二二八、二二九行）天道，德也。知天道，聖也。欲明天道而成德，祇有實現“舍其體而獨其心”之超越，“聖之結於心者也”，唯有“中心之聖”方能感知天道。

金聖（聲），而玉晨（振）之，又（有）悳（德）者也：

案：金，指鐘、鎛。聲，鳴也，敲擊而發聲也。《白虎通·禮樂》：“聲者，鳴也。聞其聲即知其所生。玉，指玉磬。《白虎通》：“磬者，象萬物之成也。其聲磬。”《漢書·郊祀志》引《虞書》謂，舜修五禮五樂。顏師古注：“五樂，謂春則琴瑟，夏則笙竽，季夏鼓，秋則鐘，冬則磬也。"《釋名》："冬，終也。物終成也。"振，收，收斂。《廣雅‧釋言》："收"，振也。"王念孫疏注："〈中庸〉：'振河海而不泄。'鄭注云：'振，猶收也。'《孟子‧萬章》篇云：'金聲而玉振之也。'皆收也。"宋‧陳暘《樂書》卷九十四指出，"古之作樂，鏗金以始之，戛玉以終之。"（戛玉，典出《尚書‧益稷》"夔曰'戛擊鳴球。'"鳴球，玉磬也。）簡文言有德者以樂成德也。《周易‧豫卦‧象傳》："先王以作樂崇德，殷薦之上帝，以配祖考。"《集解》引鄭玄注："崇，充也。殷，盛也。薦，進也。上帝，天也。"

金聖（聲），善也；玉音，聖也：

案：帛書本作"王言，聖也。""王言"，殆因行近而訛。玉音，玉磬之音。《文獻通考》卷一三五引《樂書》："先王樂天以保天下，因天球以為磬，以其為堂上首樂之器，其聲清澈，有隆而無殺，眾聲所依之者也。〈商頌〉曰：'依我磬聲'，本諸此歟？《呂氏春秋》言'堯命夔鳴球以象上帝之音。'"玉音者，象上帝之音也，天音也。帛書〈說〉謂"聖始天，知（智）始人。"（二四四行）《德聖》亦謂"知天道曰聖。"（四五四行）故以玉音喻"聖"。

善，人道也；惪（德），而（天）□□：

案：簡文"而"字當為"天"字之訛，蓋楚文字中二字字甚相似，而致誤也。

□又（有）惪（德）者：

案：據帛書本，缺字當補作"唯"。

狀（然）句（後）能金聖（聲）而玉晨（振）之：

案：此句乃承上文而言，"金聖（聲），善也"，"善，人道也；德，天道也"，有德者五行形於內，故能始於人道而達於天道，能始於善而成於德。

【文獻別錄】

陳暘《樂書》卷九十四，〈萬章下〉訓義云：“金聲者，其聲始隆而終殺，聖人鏗之以爲鐘，以譬道之用也。玉者，其聲清越以長而無隆殺，聖人戞之以爲磬，以譬道之體也。古之作樂，鏗金以始之，戞玉以終之。聖人始則出道之用以趨時，而有金聲之象，終則反道之體以立本，而有玉振之象。”

“蓋金聲則或洪或纖，所以條理於其始，利用之道也；玉振則終始如一，所以條理於其終，成德之道也。”

“道始於金聲而玉振之，取諸存乎樂者明之。”

不聖不智，不智不悬（仁）：

案：帛書《五行》之〈說〉云：“不嫢（聰）明則不聖知（智），聖知（智）必繇（由）嫢（聰）明。聖始天，知（智）始人；聖爲崇，知（智）爲廣。不知（智）不仁。不知所愛則何愛，言仁之乘知（智）而行之。”（二四三、二四四、二四五行）帛書《德聖》云：“聖者知（智），聖之知（智）知天，其事化翟。”（四五四行）案心不知天道，則無以盡人道，此聖之化易也，“上下與天地同流”，故曰不聖不智。智以達仁，《論語·陽貨》：“知者利仁。”《中庸》：“好學近乎知（智），力行近乎仁。”故曰不智不仁。

不悬（仁）不安，不安不樂：

案：帛書《五行》之〈說〉云：“不仁不安。仁而能安，天道也。不安不樂。安也者，言與其臘（體）偕安也者也，安而笱（後）能樂。”參看《荀子·解蔽》云：“仁者之思也恭，聖人之思也樂，此治心之道也。”楊注：“思，慮也。樂，謂心與天道無所不適。”

不樂亡悳（德）：

案：“樂”，指禮樂之樂。參看《左傳·襄公十一年》：“夫樂以安德，義以處之，禮以行之，信以守之，仁以厲之，（楊伯峻注：“厲同勵，勉也。杜注云：'厲風俗，杜注之意可用，而 '之' 字皆代 '德'。"）而後可以殿邦國、同福祿、來遠人，所謂樂也。（楊注："樂音洛，應晉悼公 '與子共樂之'。"）"

案簡文二０、二一之 "不聰不明，不聖不智，不智不悬（仁），不悬（仁）不安，不安不樂，不樂不悳（德）"，帛書本下移於 "不尊不恭，不恭亡禮"（簡二二）之後。請參看邢文先生《〈孟子·萬章〉與楚簡〈五行〉》有關論述。（《中國哲學》第二十輯《郭店楚簡研究》）

不昪（變）不兌（悅），不兌（悅）不憙（戚），不憙（戚）不新（親），不新（親）不惡（愛），不惡（愛）不悬（仁）。

■

【校箋】

不昪（變）不兌（悅）

案："昪" 字，帛書本〈經〉文作 "臂"，〈說〉則作 "變"。李家浩先生釋 "昪" 字爲 "弁"。弁、臂、變三字乃唇音旁紐，同隸元部，故得通借。〈說〉云："不變不說（悅）。變也，勉（勉）也，仁氣也。變而笱（後）能說（悅）。" 變之爲言勉也。《左傳·昭公二十年》："爾其勉之。" 杜注："勉，謂努力。" 昪讀爲勉，二字並、明旁紐，同隸元部，故得通借。昪（勉），簡文謂勉於仁也。參看《禮記·表記》："仁之爲器重，其爲道遠，舉者莫能勝也，行者莫能致也。取數多者，仁也。夫勉於仁者，不亦難乎！"

不兌（悅）不憙（戚），不憙（戚）不新（親）：

案：帛書〈說〉解詁云："不說（悅）不戚。說（悅）而笱（後）能戚所戚。不戚不親。戚而笱（後）能親之。"（二三三、二三四行）簡文所論，悅仁近仁親仁也。參看《左傳·隱公六年》："親仁善鄰國之寶也。" 《論語·學而》："汎愛眾，而親仁。" 《孟子·盡心上》："仁者無不愛也，急親賢之爲務。堯舜之仁，不偏愛人，急親賢也。"

不新（親）不惡（愛），不惡（愛）不悥（仁）

> 案：帛書〈說〉云：「不親不愛。親而笱（後）能愛之。不愛不仁。愛而笱（後）仁。變者而笱（後）能說（悅）仁，感仁、親仁、愛仁，以於親感亦可。」（二三四、二三五行）此章以仁爲中心立論。

不悥（直）不遙，不遙不果，不果（以上簡二十一）不柬（簡），不柬（簡）不行，不行不義。■

【校箋】

不悥（直）不遙：

> 案：帛書本作「不直不遙。」 悥、直，大韻同隸職部，其聲端、章準旁紐，音極近，古文德作「悥」，從心直聲，故得通借。《尚書·益稷》：「其弼直。」《史記·夏本紀》作「其輔德」是其證。「遙」，張光裕教授隸定作「迻」。此字不識，待考。姑以帛書本作「迣」解讀。

> 帛書〈說〉解云：「不直不迣（泄）。直也者，直其中心也，義氣也。直而笱（後）能迣（泄）。迣（泄）也者，終之者也」（二三六行）直，正直。《左傳·襄公七年》：「正曲爲直。」「直其中心也」，謂自己內心守正不阿，嚴於律己。參看《孔子家語·弟子行》：「外寬而內正，自極於隱括之中，直己而不直人，汲汲於仁，以善自終，蓋汲汲於仁伯玉之行也。」（亦見《大戴禮記·衛將軍文子》，文詞小異。）迣讀爲紲，《廣雅·釋詁二》：「紲，係也。」王念孫疏證：「系與係同，亦作繫。紲之言曳也，《釋名》云：‘紲制也，牽制之也。’……蓋紲爲係之通名，凡繫人繫物皆謂之紲。」帛書〈說〉以「終」訓「紲」，《說文》：「終，絿絲也。」其本義爲緊纏絲。《睡虎地秦簡·封診式·經死》：「旋終在項」，「索上終權（椽），再周結索」。整理小組指出「終」，章炳麟《文始》：「終爲纏急。」在本條裡都是繫束的意思。蓋用「終」字本義。「終」引申有「成、完成」之義，《國語·周語下》：「故高朗

令終。"韋注："終，成也。"本篇後文曰："直而迣（遂）之，遂也。"迣（遂），成也、終也。《呂氏春秋·孝行》高注："遂，成也。"《逸周書·王子晉》孔注："遂，終也。"故"直而迣（遂）之"猶言直而成之、終之，與"不直不緥"可以互證。

不遂不果，不果不束（簡）

案：帛書本作"不逃不果，不果不簡"。帛書〈說〉解之云："不逃不果。果也者，言其弗畏也，無介於心□也。不【果不】間。間也者，不以小害大，不以輕害重。"（二三七、二三八行）

果，敢、果敢。《論語·憲問》："果哉！末之難矣。"皇疏："果，敢也。"《大戴禮記·文王官人》："潔廉而果敢者也。"盧注："果敢，謂不虞不懼也。"簡，大。《論語·公冶長》："吾黨之小子狂簡。"《集解》引孔注："簡，大也。"參看《大戴禮記·小辨》："夫小辨破言，小言破義，小義破道。道小不通，通道必簡。"

不束（簡）不行，不行不義：

案：參看《大戴禮記·小辨》"夫道不簡則不行，不行則不樂。"又《禮記·聘義》："此眾人之所難，而君子行之，謂之有行。有行謂之有義，有義之謂勇敢。故所貴於勇敢者，貴其能以立義也。"簡文此章以義為中心立論。

不赥（遠）不敬，不敬不嚴，不嚴不暲（尊），不暲（尊）不共（恭），不共（恭）亡豊（禮）。

【校箋】

不赥（遠）不敬：

案：帛書〈說〉解曰："不袁（遠）不敬。袁（遠）心也者，禮氣也。"

"袁（遠）者，動敬心，作敬心者也。"（二三九、二四〇行）遠，離也。《廣
雅·釋詁三》："遠，疏也。" 《漢書·劉向傳》顏注："遠，謂疏而
離之也。"猶今之言保持一定距離。《禮記·少儀》："賓客主恭，祭
祀主敬。"鄭注："恭在貌也，而敬又在心。"參看劉寶楠《論語正義》
卷七："遠者，敬之。至不知所遠，雖敬亦黷。黷者，慢也。"

不敬不嚴，不嚴不障（尊）：

案：帛書〈說〉解云："不敬不嚴。嚴猶廠，廠，敬之責（積）者也。
不嚴不尊，嚴而笱（後）忌（己）尊。"（二四一行）嚴，威重之貌，令人
敬畏。《禮記·大學》："其嚴乎。"鄭注："嚴乎，言可畏敬也。"
廠，讀爲儼。《爾雅·釋詁》："儼，敬也。" 《禮記·少儀》："嚴
威儼恪"。孔疏："儼，謂儼正。"

不障（尊）不共（恭），不共（恭）亡豊（禮）：

案：帛書〈說〉解云："不尊不共（恭）。共（恭）也者，□□敬下也
共（恭）而笱（後）禮也。"（二四一、二四二行）《論語·季氏》："貌思恭。"
皇疏："謙接謂之恭。" 《禮記·樂記》："恭儉而好禮。"孔疏："恭，
謂以禮自持。"此章以禮爲中心立論。

未尚（嘗）（以上簡二十二）聲（聞）君子道，胃（謂）之不聰。
未尚（嘗）見臥（賢）人，胃（謂）之不明。聲（聞）君子道
而不智（知）（以上簡二十三）其君子道也，胃（謂）之不聖。見
臥（賢）人而不智（知）其又（有）悳（德）也，胃（謂）之不
智（以上簡二十四）。■

見而智（知）之，智也。聲（聞）而智（知）之，聖心。
明明，智也。虩（虩）虩（虩），聖心。"明明才（在）下，

虩（虓）虩（虓）（以上簡二十五）才（在）上"，此之胃（謂）也。
▃

【校箋】

未尙（嘗）聳（聞）君子道，胃（謂）之不聰：

案：據帛書本〈說〉云："聞君子道而不色然，而不知其天之道也"（二七一行）。可知君子道即天道，天之道。

未尙（嘗）見障（賢）人，胃（謂）之不明：

案：據下文，賢人乃有德者也。《毛詩·大雅·烝民》序孔疏："有德謂之賢。" 《管子·君臣》尹注："賢人，知道術德行者也。" 《素問·上大天真論》王注："次聖人者謂之賢人。" 《孟子·盡心下》趙岐注以見而知之者爲輔佐也，乃通於大賢次聖者。

見而智（知）之，智也。聳（聞）而智（知）之，聖也：

案：《文子·道原》："文子問聖智。老子曰：'聞而知之，聖也。見而知之，智也。' …聖人知天道告凶，故知禍福所生。智者先見成形，故知禍福之門。聞未生，聖也。先見成形，智也。無聞見者，愚迷。"

定州漢簡《文子》亦保存有論聖智之言。"刑而知擇行。故聞而知之，聖也。"（0765）"此功者天置之所成，聽聖人守道□"（0766）"知也。故聖者聞"（0805）"知'。'平王曰：'何謂聖知？'文子曰：'聞而知之，聖也。……'"（0896、1193）聖智之學，儒門似取之於道家。

明明，智也。虩（虓）虩（虓）、聖也：

案：《爾雅·釋訓》："明明，察也。"孫炎注："明明，性理之察也。"《周易·震卦》："震來虩虩。"鄭注："虩虩，恐懼貌。"簡文讀爲赫赫，虩、赫古音同爲鐸部曉紐，故得通借。《爾雅·釋訓》："赫赫，迅也。"孫炎注："赫赫，顯著之迅。"又引伸爲明德之象。《毛詩·衛風·淇奧》："赫兮咺兮。"傳云："赫，有明德赫赫然。"

明明才（在）下，虩（虩）虩（虩）在上：

案：帛書本引《詩》虩作墼，亦音同通借也。《毛詩·大雅·大明》：作"明明在下，赫赫在上。"傳云："文王之德明明於下，其徵應炤晢見於天。"《五行》引此喻由智而聖，由人道而達天道，有明德者也。

聳（聞）君子道，聰也。聳（聞）而智（知）之，聖也。聖人智（知）而〈天〉(以上簡二十六)道也。智（知）而行之，義也。行之而時，悳（德）也。見臤（賢）人，明也。見而智（知）之(以上簡二十七)，智也。智（知）而安之，㤅（仁）也。安而敬之，豊（禮）也。聖智（知），豊（禮）藥（樂）之所歒（由）生也，五(以上簡二十八)□□□□也。和則藥（樂），藥（樂）則又（有）悳（德），又（有）悳（德）則邦豪（家）壆。文王之見也女（如）此。"文(以上簡二十九)□□□□于而〈天〉"，此之胃（謂）也。 ▄

【校箋】

行之而時，悳（德）也：

案：帛書〈說〉解曰："行之而時，悳（德）也。時者，和也；和也者，惠也。"時謂中、中和。《毛詩·小雅·賓之初筵》："以奏爾時。"傳曰："時，中者也。"《周易·蒙卦·彖傳》："以亨行時，中也。"《釋文》："中，和也。"《國語·周語中》："惠，所以和民也。"〈周語下〉："言惠必及和。"《爾雅·釋言》："惠，順也。"簡文此句言聖者行天道而致中和，如《中庸》所謂"中也者，天下之大本也；和也者，天下之達道也"，故能成德。

見臤（賢）人，明也

案：《荀子・解蔽》："知賢謂之明。"《賈子・大政上》："君以知賢爲明。"

智（知）而安之，悬（仁）也：

案：參看《論語・爲政》："察其所安。"皇疏："安，謂意氣歸向之也。"又〈里仁〉："子曰：'不仁者，不可以久處約，不可以長處樂。仁者安仁，知者利仁。'"

聖智，豊（禮）藥（樂）之所敨（由）生也：

案：帛書本〈經〉此處缺損不明，〈說〉引作"【仁】義，禮樂所繇（由）生也"，"言禮樂之生於仁義"以解詁。此乃簡本與帛書本的重要異文，疑帛書本有更動改偏。

敨，《類篇》乃后切，又音乃豆切，古音侯部、泥紐，簡文借爲繇，二字泥、喻旁紐，其韻侯、宵旁轉，故得通借。又，繇通由。《荀子・禮論》："是以繇其足之日也。"楊注："繇讀爲由。"（《字彙》："繇，俗作"繇"。）

五□□□□也

案：參後文"悬（仁）義，豊（禮）所敨（由）生也，四行之所和也"句例缺文宜補作"五【行之所和】也"。《賈子・六術》謂"人亦有仁、義、禮、智、聖之行，行和則樂"，語本於此。（《賈子・六術》引文據盧文弨校正）帛書〈說〉云："則樂和者有猷（猶）五聲之和也。"（二八六行）

又（有）悳（德）則邦豪（家）驟：

案：帛書本作"有德則國家與"，整理小組以"與"爲"興"字之誤，似未安。余舊釋"與"爲"從"，亦未安。據下文"文王之見也女（如）此"，璺讀爲譽，謂文王大德備成，獲天下邦家之稱譽。譽，言有聲譽、美名於世也。《毛詩·大雅·文王有聲》孔穎達疏："上四章言文王有令聞之聲，成名之德，作豐邑以追孝心，同四方而正法度。"令聞，美譽也。見《尙書·微子之命》："舊有令聞。"孔傳："久有善譽，昭聞遠近。"《逸周書·寶典解》亦云："九德廣備，次世有聲。"（朱右曾曰："次世，猶言累世。"）簡文以文王之德爲五行和，大樂成，德心起的典型，天下譽從，百世不易。參看《禮記·中庸》："君子未有不知此而蚤有譽於天下者也。"《呂氏春秋·孝行》："名章榮，下服聽，天下譽。"

文王之見也女（如）此：

案：帛書本〈經〉文此處殘闕不明，〈說〉亦未見此語。見，顯也。《漢書·禮樂志》："畏敬之意難見。"注："見，彰顯也。"

文□□□□□于而（天）：

案：帛書本作"《詩》曰：文【王在尙，於昭】于天。"（據帛書〈說〉二八八行補）今本《毛詩·大雅·文王》："文王在上，於昭于天。"傳云："在上，在民上也。"

見而智（知）之，智也。智（知）而安之，㥁（仁）也。安（以上簡三十）而行之，義也。行而敬之，豊（禮）也。㥁（仁）義，豊（禮）所㲆（由）生也，四行之所和也。和（以上簡三十一）則同，同則善。■

【校箋】

見而智（知）之，智也

案：帛書〈說〉云："見者，□也；知（智）者，言繇（由）所見知所不見也。"（二八九行）智者，明也。《五行》謂"明明，智也"（簡二五），帛書〈說〉亦謂"明，知（智）之始也"（二四三行）。《周禮·地官·大司徒》："知、仁、聖、義、忠、和。"鄭注："知（智）明於事。"《賈子·道術》："知道者謂之明。"《淮河子·兵略訓》："見人所不見謂之明。"《白虎通·性情》："智者，知也。獨見前聞，不惑於事，見微知著也。"參看《呂氏春秋·察今》："有道之士，貴以近知遠，以今知古，以所見知所不見。"

安而行之，義也：

案：《禮記·中庸》論智、仁、勇乃天下之達德，"或安而行之，或利而行之，或勉強而行之，及其成功一也。"

行而敬之，豊（禮）也：

案：以上四句，乃言"知（智）始人"（帛書〈說〉二四四行）。智安之爲仁，行之爲義，敬之爲禮，故帛書〈說〉云："所安、所行、所敬，人道也。"（二九一行）。是"智"乃人道之始，猶"聖"乃聞天道之始，簡本《五行》似以聖、智爲德行之兩儀。

悬（仁）義，豊（禮）所敔（由）生也：

案：帛書本作"仁義，禮知（智）之所繇（由）生也"。帛書〈說〉引作"仁、知（智），禮之所繇（由）生也。言禮【智】生於仁義也。"（二九一、二九二行）〈說〉之引經與解言互相牴牾，整理本於"禮"後闕文補爲"智"，亦不能決此兩難，帛書〈說〉此文抄寫殆有訛誤。

簡文此章文從字順，未見錯訛脫衍。唯整理本於"悬（仁）"下斷以逗號，似未安，當爲"仁義"連文而逗之。"仁義，豊（禮）所敔（由）生也"，與《中庸》："仁者，人也，親親爲大。義者，宜也，尊賢爲大。親親之殺，尊賢之等，禮所生也" 可以互證，今本《中庸》所論，不啻是對 "禮生於仁義" 之闡釋發揮。

和則同，同則善：

案：帛書〈說〉云："和則同。和者，有猶【五】聲之和也。同者，□約也，與心若一也，言舍夫四也，而四者同於善心也。同，善之至也。同足善矣。"（二九二至二九四行）余舊釋，擬補闕文爲 "【四】聲"，此則從整理本校補。〈說〉之解詁，非深明禮樂與五行之關係者，不能道也，由此可進而體會子思一派心學。參看《國語·周語中》："五聲昭德，（韋注：昭德，謂政平者，其樂和也。亦謂見其樂知其德也。）五義紀宜，飲食可饗，（韋注：餚烝故可饗。）和同可觀，（韋注：以可去否曰和。一必不二曰同。和同之道行，則德義可觀也。）則順而德建。（韋注：則，法也。建，立也。）"

　　顏色佲（容）佼（貌）悃（溫），叀（變）也。以其宙（中）心與人交，兌（悅）也。宙（中）心兌（悅）叀䜌（與）（以上簡三十二）於兄弟，慐（戚）也。慐（戚）而信之，新（親）。新（親）而管（篤）之，忢（愛）也。忢（愛）父，其秋（收）忢（愛）人，息（仁）也。　■

【校箋】

顏色佲（容）佼（貌）悃（溫）叀（變）也：

案：佲借爲容，古文容作宏，從公得聲，故多通借。《說文》："容，古文作宏。"〈木部〉又云："松或作㮤。"是其證。佼宜讀爲佼，二字古音同爲宵部匣紐，故得通借。爻聲與交聲之字，多有互通。《原本玉篇殘卷》："較，字書亦較字也。"即其一例。《集韻·爻韻》："佼，像也。何交切。"故知 "佲（容）佼（佼）" 猶言容像、容貌也。悃，當爲恩字之別構。張光裕教授隸定爲恩。恩（悃）與溫古音爲文部影紐，可以通借。

“叀（變）也”，帛書本經文此處殘損，〈說〉引作“變變也”。〈說〉解詁云：“□□□□□變變也者，兝（勉）兝（勉）也，孫（遜）孫（遜）也，能行變者也。能行變者，□□心說（悅），心□然筍（後）顏色容貌溫，以說（悅）變也。” 兝（勉）兝（勉），通“亹亹”。《禮記·禮器》：“君子達亹亹焉。”鄭注：“亹亹，勉勉也。”孔疏：“勉勉，勸樂之貌也。”孫（遜）孫（遜），通“恂恂”。《論語·鄉黨》：“孔子於鄉黨，恂恂如也。” 《釋文》：“恂恂，溫恭之貌。” 《隸釋·漢慎令劉脩碑》引作“其於鄉黨，遜遜如也。”參看《禮記·經解》：“其爲人也，溫柔敦厚，（孔疏：溫謂顏色溫潤。）《詩》教也。恭儉莊敬，《禮》教也。” 《論語·泰伯》：“君子所貴乎道者三：動容貌，斯遠暴慢矣；正顏色，斯近信矣；出辭氣，斯遠鄙倍矣。” 《禮記·冠義》：“禮義之始，在於正容體，齊顏色，順辭令。”

以其宙（中）心與人交，兌（悅）也：

案：《論語·學而》：“不亦悅乎。” 《釋文》：“自內曰悅。”

宙（中）心兌（悅）叀變於兄弟，戚也：

案：帛書本作“中心說（悅）焉，遷于兄弟，戚也。”叀，張光裕教授指出乃“播”字異構。茲從其說。“遷”、“播”其義可通。《後漢書·袁術傳》注：“播，遷也。”簡文中“播”，義爲佈也、施也。《禮記·禮器》：“有撕而播也，有推而進也。”疏：“播，布也。” 《禮記·緇衣》：“播刑之不迪。”鄭注：“播，猶施也。”

變，譽古音相同，簡文中借爲豫。《毛詩·小雅·蓼蕭》：“燕笑語兮，是以有譽處兮。”朱熹注引蘇氏曰：“譽，豫通。凡《詩》之譽，皆言樂也。”豫，愉悅、歡樂。《國語·晉語四》：“母老子彊，豫也。”韋注：“豫，樂也。” 《周易·豫卦》陸德明《釋文》：“豫，悅豫也。”

37

帛書〈說〉云："遷於兄弟，感也。言遷其□□於兄弟而能相感也。（引者案：缺文可補爲【悅心】。）兄弟不相耐（能）者，非無所用說（悅）心也，弗遷於兄弟也。"（二五〇、二五一行）簡文此句言"以己之悅心，傳佈歡悅至兄弟心中，使彼此更親近。"

新（親）而管（篤）之，惡（愛）也：

案：管，借爲篤。《論語·泰伯》："君子篤於親。"皇疏："篤，厚也。"參看《韓詩外傳》卷六：君子"篤愛而不奪，厚施而不伐。"

惡（愛）父，其秋（攸）惡（愛）人，悤（仁）也：

案：帛書本"愛父，其絲=（繼）愛人，仁也。" 秋（攸）借爲逐，二字爲定紐雙聲，其韻幽、覺對轉，故得通借。《周易·頤卦》："其欲逐逐。"《釋文》："逐逐，《子夏》作攸攸。《志林》云：'攸當爲逐。'"是其證。簡文秋（逐），謂追隨、隨後。《說文》："逐，追也。"《廣雅·釋詁三》："追、隨，逐也。"《禮記·仲尼燕居》："行則有隨。"孔疏："謂少者在後相隨。"是"隨"有後、隨後之義。簡文此句意爲，首先是愛父親，隨後才考慮推及他人，與帛書〈說〉解"言愛父而後及人也"之旨相合。

本章和後面二章，即三二號簡"顏色佀佼"至三七號簡"共而專交，豊也"，帛書本將此三章前移，在"未尙聳君子道"（簡三二、三三）之前。

宙（中）心（以上簡三十三）訖（辯）狀（然）而正行之，植（直）也。悳（直）而述（遂）之，遂也。遂而不畏彊（強）語（禦），果也。不（以上簡三十四）以少（小）道牀大道，柬（簡）也。又（有）大辠（罪）而大弤（誅）之，行也。貴貴，其止（等）隌（尊）臤（賢），義也（以上簡三十五）。 ■

【校箋】

宙（中）心詖（辯）狀（然）而正行之，植（直）也：

案：詖字屬卜字聲系，古音與“辯”因爲元部並紐，故得通借。帛書本作辯。辯通辨，辨別、明辨。《周易·履卦·象傳》：“君子以辯上下。”鄭注：“辯，別也。”《禮記·玉藻》：“朝辯色始入。”鄭注：“辯，猶正也、別也。”《賈子·道術》：“論物明辯謂之辨。”參看《說苑·立節》：“吾聞古之士怒則思義，危不忘義，必將正行以求之。”《尙書·皋陶謨》“行有九德”，其六“直而溫”。鄭玄注：“直謂身行正直。”孫星衍疏：“梗直不撓而能溫克。此似鄉反而實相成。”

悳（直）而迣（遂）之，遂也：

案：帛書本殘，作“直而□□□也”，據〈說〉解謂“直也而遂之，世。迣也者，遂直者。”〈經〉之缺文應爲“直而【遂之，迣】也。”迣、遂古韻同隸物部，其聲船、邪舌齒鄰紐，故得通借。《老子》第九章：“功遂身退。”郭店楚簡本、馬王堆帛書甲本遂皆作迣，是其證。迣，成也、終也。“遂”字待考，未識。此句說詳前文簡二一“不悳（直）不遂，不遂不果”校箋。

遂而不畏彊（強）語（禦），果也

案：不畏彊（強）語（禦），典出《詩·大雅·烝民》：“柔亦不茹，剛亦不吐，不侮矜寡，不畏彊禦。”或作強禦、彊圉、強圉，一指強壯多力者，一指橫暴抗善之權門豪強。簡文乃後一義。《史記·周本記》裴駰集解引《書·牧誓》鄭玄注：“彊禦，謂強暴也。”《春秋繁露·必仁且智》：“不仁不智而有材能者”，“適足以大其非而甚惡耳。其強足以覆過，其禦足以犯詐。”參看《孔子家語·始誅》：“其居處足以撮徒成黨，其談說足以飾褒榮衆，其彊禦足以反是獨立，此乃人之姦雄者也。”簡文“果”謂果敢。《國語·晉語》：“其身果而辭順，順無不行，果無不徹。”韋注：“果，謂敢行其志。果者志不疑，故無不徹。徹，達也。"〈晉語七〉："若是道也果。"韋注："果，必行也。"

以上三句簡文，似子思之儒所傳曾子學行。《大戴禮記·曾子制言中》："君子直行而取禮"。"是以君子直言直行，不宛言而取富，不屈行而取位。仁之見極，智之見殺，固不難；詘身而爲不仁，宛言而爲不智，則君子弗爲也。"如揚子雲曰："勇於義而果於德，不以貪富貴賤死生動其心，於勇也其庶乎。"（《法言·淵騫》）

不以少（小）道炙大道，柬（簡）也：

案：帛書本引"而〈不〉以小道害大道，簡也。"簡本害作炙。《廣雅·釋詁四》："炙，犯也。"王念孫疏證："《眾經音義》卷九、卷二十三並引《廣雅》：'陵，犯也。'陵與炙通。"犯有僭越、犯上之義。《禮記·坊記》鄭注："犯，猶僭也。"《穀梁傳·隱公五年》："始僭樂矣。"范寧集解："下犯上謂之僭。"參看帛書〈說〉解云："不以小道害大道，間也。間也者，不以小【愛害大】愛，不以小義害大義也。"（二五九、二六〇行）參看《禮記·緇衣》："君毋以小謀大，毋以遠言近，毋以內圖外，則大臣不怨，邇臣不疾，而遠臣不蔽矣。葉公之顧命曰：'毋以小謀敗大作，毋以嬖御人疾莊后，毋以嬖御士疾莊士、大夫、御士。'"（顧命之言，又見《逸周書·祭公解》）

又（有）大皋（罪）而大豉（誅）之，行也：

案：豉，誅，古韻同隸侯部，其聲定，端舌音旁紐，音極近，故得通借。《山海經·海外南經》："讙頭國在其南，或曰讙朱國。"鄒漢勛《讀書偶識》卷二："讙頭、讙朱，古字通用。"此豆聲、朱聲通用之證。

又，六國文字書"廚"字，楚作"胆"，三晉或作"脒"、"床"，皆是甚證，說詳裘錫圭先生《文字學概要》，萬卷樓修訂本，第 074 頁。"行"，謂據義而行。參看《荀子·正名》："正義而爲謂之行。"《大戴禮記·盛德》："能行德法者爲有行。"

貴貴，其止（等）障（尊）叴（賢），義也：

案：帛書本作"貴貴，其等【尊】賢，義。"1980 年整理本註（五四）云："等，差，分出等級差別。"一說，"等"在此句中訓爲同，同等、同列也。《廣雅·釋詁一》："同、儕、等、比、倫，輩也。"《廣韻·等韻》："等，比也，輩也。"簡文之意，"貴貴"與"尊賢"同列爲治天下的要術。簡二四云"見賢人不知其有德也，謂之不智"，是賢人乃有德者也。"尊賢"亦即"貴有德"。《禮記·祭義》："先王之所以治天下者五：貴有德，貴貴，貴老，敬老，慈幼。"《中庸》"凡爲天下國家有九經"，"尊賢"列居其二。《荀子·大略》亦列"貴貴"、"賢賢"爲義之五倫。皆其證。如"等"作分等、區別解，則可言"等賢"、同"簡賢"、"選賢"，與儒家"尊賢有等"義合，若言"等尊賢"則文理費解矣。參看《孟子·萬章下》："用下敬上，謂之貴貴；用上敬下，謂之尊賢。貴貴、尊賢，其義一也。"

以其外心與人交，遠也。遠而庄之，敬也。敬而不卻，嚴也。嚴而畏（以上簡三十六）之，障（尊）也。障（尊）而不喬（驕），共（恭）也。共（恭）而專（博）交，豊（禮）也。　▄

【校箋】

以其外心與人交，遠也：

案：帛書〈說〉解詁云："外心者，非有它（他）心也。同之心也，而有胃（謂）外心也，而有胃（謂）中心。中【心】者，謙然者；外心者也，其顙（願）謀然者也，言之心交袞（遠）者也。"（二五六、二六六行）

顙借爲顙。邵英《群經正字》："經典皆借其聲爲願欲字，而又棄繁就簡，祇作願，不用顙。"《爾雅·釋詁下》："願，思也。"謀借爲廓。《爾雅·釋詁》："廓，大也。"孫炎注："廓，張之大也。"廓然，遠大之貌。《說苑·君道》：“廓然遠見，踔然獨立。”揚雄《法言·問道》：“大哉聖人，言之至也，開之廓然見四海。”遠，謂遠方。《呂氏春秋·孟秋紀》：“巡彼遠方。”高注：“遠方，天下也。”參看《禮記·禮器》：“禮之以多爲貴者，以其外心者也。德發揚，詡萬物，大理物博。”鄭玄注：“外心，用心於外，其德在表也。詡，猶普也，遍也。”孔穎達疏：“以其外心也者，謂其用心於外也。用心於外，謂起自朝廷，廣及九州四海也。”《五行》篇之“中心”即內心，主旨乃與心爲一，慎其獨也；外心主旨在以心交於天下四方，亦即《中庸》九經之“柔遠人，懷諸侯”，“柔遠人則四方歸之，懷諸侯則天下畏之”。

遠而眉之，敬也。

案：帛書本作“袁（遠）而嫷（莊）之，敬也。”整理本注：“‘眉’從‘卝’聲，與‘莊’可通。”一說，“眉”字從“卝”，“首”聲，借爲道。《釋名》：“道，導也，所以通導萬物也。”道、莊皆有通道之義，見《爾雅·釋宮》：“一達謂之道，……四達謂之衢，五達謂之康，六達謂之莊。” 郝懿行正義：“莊之言壯，壯亦大也。《史記》云：“開第康莊之衢”（引者案，見〈孟子荀卿列傳〉。）亦言其衢路之大耳。”

簡文此句意爲，以外心交通天下，引導四方遠人來歸，以禮爲敬。參看《左傳·僖公七年》：“臣聞之，招攜以禮，（楊伯峻注：攜，離也。）懷遠以德。德、禮不易，無人不懷。（楊注：懷，思念也，歸也，至也。）”《禮記·表記》：“子民如父母，親而尊，安而敬，威而愛。”孔疏：“敬，即威莊而安也。”《左傳·僖公十一年》：“敬，禮之輿也。不敬，則禮不行。”

敬而不卻，嚴也。嚴而畏之，隌（尊）也）：

案：帛書本作“敬而不解（懈），嚴。嚴而威之，尊也。”簡文“卻”，整理本注【四八】疑是“節”字，裘先生按：“此字恐亦書手寫錯之字，待考。”此字作殆會意字，象人以木力田，木者耒耜之屬，疑爲“耤”

"絓" 字別構。《廣雅·釋地》："絓，耕也。" 絓、解（懈），古韻同隸支部，其聲見、匣旁紐，故可通借。簡文畏借爲威，同音通假。《老子》第七十二章："則大威至。" 帛書《老子》乙本威作畏。《禮記·祭義》："嚴威儼恪。" 孔疏："嚴謂嚴肅，威謂威重。"

隌（尊）而不喬（驕），共（恭）也：

案：恭，言謙讓待人接物，又敬事尊上。《論語·季氏》："貌思恭。" 皇疏："謙接謂之恭。"《後漢書·章德竇皇后紀》引《諡法》："敬事尊上曰恭。"

共（恭）而尃（博）交，豊（禮）也：

案：帛書本作 "共（恭）而博交，禮也。" 博，溥博也。《禮記·中庸》："溥博如天。" 孔疏："溥，謂無不周遍；博，謂所及廣遠。" 博交，言以外心與人交，周遍而廣遠也。帛書〈說〉解云："【恭而博交】，禮也。伯者辯也。言其能柏然笱（後）禮也。"（二七〇行）"伯"、"柏" 皆借爲博，"辯" 借爲遍，釋博交爲遍交，亦此義也。

不柬〈柬〉，不行。不匿，不羕（以上簡三十七）於道。又（有）大辠（罪）而大豉（誅）之，柬〈柬（簡）〉也。又（有）少（小）辠（罪）而亦（赦）之，匿也。又（有）大辠（罪）而弗大（以上簡三十八）豉（誅）也，不行也。又（有）少（小）辠（罪）而弗亦（赦）也，不羕於道也。

柬〈柬（簡）〉之爲言猷（猶）練（以上簡三十九）也，大而晏者也。匿之爲言也猷（猶）匿匿也，少（小）而訪〈診（軫）〉者也。柬〈柬（簡）〉，義之方也。匿（以上簡四十），悬（仁）

之方也。弜（剛），義之方。矛（柔），悬（仁）之方也。"不弜不桼，不弜（剛）不矛（柔）"，此之胃（謂）（以上簡四十一）也。

【校箋】

不東（柬）不行：

> 案：帛書本作"【不簡】不行。"簡三七、三八、三九、四〇，凡四簡中"柬"字皆誤書爲"東"字。此二章文意，宜與前文"不悥（直）不逞"章（簡二一）、"宙（中）心訜（辯）狀（然）而正行"章（簡三三、三五）合觀。

不匿，不業於道：

> 案：帛書本作"不匿，不辯於道。""業"字從張光裕教授隸定。簡文此字殆爲"奊"之省形。《說文》："奊，賦事也。從業，從八。八，分之也。八亦聲。讀若頒。一曰讀若非。"《廣韻》布還切。錢坫《說文斠詮》："即班布字"。奊與辯古音甚近，故得通借。

又（有）少（小）皐（罪）而亦（赦）之，匿也：

> 案：亦生、赤聲古音同隸鐸部，喻、昌準旁紐，音甚近。《尚書·胤征》："先時者殺無赦。"《說文》："赦或作赦。"匿，隱匿。《爾雅·釋文》："匿，微也。"郭舍人注："匿，藏之微也。"小罪猶言小過。《周易·象傳下》："君子以赦過宥罪。"參看《論語·子路》："子曰：赦小過。"《大戴禮記·子張問入官》："民有小罪，必以其善以赦其過。"

東〈柬（簡）〉之爲言猷（猶）練也：

> 案："之爲言"者，以聲訓也。練，疑讀爲諫。《廣雅·釋詁一》："諫，

正也。”《周禮·地官·序官》注：“諫，猶正也，以道正人行。”正有誅殺之義。《周禮·夏官·大司馬》：“賊殺其親則正之。”鄭玄注：“正之者，執而治其罪。”〈大司馬〉注引《王霸記》：“正，殺之也。”參看《論衡·譴告》：“諫之爲言間也。”《白虎通·諫諍》：“諫者間也，更也。是非相間，革更其行也。”

帛書本作“大而罕者”。晏借爲罕，二字同爲元部，其聲影、曉鄰紐，音近通假。《楚辭·九歎》：“懼年歲之既晏。”《考異》：“晏一作旰。”是安聲、干聲相通之證。罕，稀少、鮮見。《禮記·少儀》：“罕見曰聞名。”鄭注：“罕，希也。”〈中庸〉鄭注：“鮮，罕也。”《釋文》：“罕，希也，少也”疑“大而晏者也”句前有“練”字，蒙上文而省也。

匿之爲言也猷（猶）匿匿也，少（小）而訪（診）者也：

案：帛書本作“匿之爲言也猷（猶）匿，匿小而軫者。”簡文“匿匿也”，殆抄寫有誤，當作“匿也匿”，後一匿字屬下句，在“少（小）”之前。整理本指“訪”字訛，當爲“診”或“軫”字。“匿之爲言也猷匿”，其首“匿”謂隱匿也，其尾“匿”字讀爲暱。《爾雅·釋詁》：“暱，近也。”郭注：“暱，親親近也。”《左傳·襄公二十五年》：“而知匿其暱。”杜注：“親也。”簡文“訪（診）”、帛書“軫”，皆可讀爲㐱。《說文·彡部》：“㐱，稠髮也。從彡，從人。《詩》曰：‘㐱髮如雲。’㐱或從髟，真聲。”今本《毛詩·鄘風·君子偕老》㐱作鬒。㐱（鬒）、稹、縝、稹爲同源字，其引申皆有密、稠之義。（說詳王力先生《同源字典·真部》）故“少（小）而（診）”者，言其小而多、小而密也。帛書〈說〉正謂“軫者多矣。”（二九六行）參看《尚書大傳》卷九：“子曰：古之聽民者，察貧窮；哀孤獨矜寡；宥老幼不肖無告。有過必赦；小罪勿增；大罪勿纍。不赦有過謂逆，率過以小謂之枳故。（王闓運注：以法中傷人也。）與其殺不辜，寧失有罪；與其增以有罪，寧失過以有赦。”

東〈柬（簡）〉，義之方也。匿，悬（仁）之方也：

案：帛書〈說〉解曰：“言仁義之用心之所以異也。義之盡間也，仁之盡匿。大□加大者，大仁加仁小者，故義取間而仁取匿。”（三〇〇、三〇一行）方，道也。《論語·雍也》：“可謂仁之方也己。”鄭注：“方猶道也。”《國語·周語下》：“上得民心以殖義方。”韋注：“殖立於道也。”

弳（剛），義之方。矛（柔），悬（仁）之方也：

案：弳借爲剛，古韻同隸陽部，群、見旁紐，音近互通。《毛詩·小雅·北山》：“旅力方剛。”

《一切經音義》卷十三引作“旅力方強。”矛借爲柔。《說文》：“柔，從木、矛聲。”本爲矛字聲系，例得通假。從矛得聲之字，多爲明紐，亦有少數爲日紐，《類篇》載“ ”，而由切，“偂”又音而由切，皆其例也。“柔”字亦爲日紐。

不弳不抹，不弳（剛）不矛（柔）”，此之胃（謂）也：

案：帛書本作“《詩》曰：‘不 不救，不剛不柔’，此之胃（謂）也。”今本《毛詩·商頌·長發》作“不競不絿，不剛不柔”。弳、競，古音同爲陽部羣紐。勷亦群紐鐸部，與前二字古音甚近。捄、救、詇皆爲絿之借字。帛書〈說〉云“詇者急也。”與《毛傳》“絿者，急也。”同詁。帛書〈說〉解云：“非強之也，非急之也，非剛之也，非柔之【也】，言無所稱焉也。‘此之胃（謂）’者，言仁義之和也。”（三〇二、三〇三行）與《左傳·昭公二十年》載孔子引《詩》曰：“不競不絿，不剛不柔。布政優優，百祿是遒，何之至也。”意近。

君子集大成。能進之爲君子，弗能進也，各止於其里。大而（以上簡四十二）晏者，能又（有）取安（焉）。少（小）

而軫者，能又（有）取安（焉）。疋膚膚達者君子道，胃（謂）之臤（賢）。君（以上簡四十三）子智（知）而與（舉）之，胃（謂）之隆（尊）臤（賢）；智（知）而事之，胃（謂）之隆（尊）臤（賢）者也。後，士之隆（尊）臤（賢）者也（以上簡四十四）。

【校箋】

君子集大成：

案：帛書本作“君子雜（集）泰（大）成。”雜，從衣、集聲。雜、集古音相同，其義互訓，可以互通。《禮記·月令》：“四方來集。”《呂氏春秋·仲春紀》集作雜，是其證。《孟子·萬章下》有“孔子之謂集大成”一語，孫奭疏：“蓋集大成，即集伯夷、伊尹、柳下惠三聖之道，是爲大成耳。……其時爲言，以謂時然則然，無可無不可，故謂之集其大成，又非止於一偏而已。”與《五行》所云“集大成”未能相合。

“君子集大成”，言君子達到大成之境界，即“金聲而玉振之，有德者也”（簡一九）之化境。集，至也，達也。《國語·樂記》：“樂至則無怨，禮至則不爭。”鄭注：“至，猶達也，行也。”帛書〈說〉解詁云：“君子集大成。成也者，猶造之也，猶具之也。大成也者，金聲玉辰（振）之也。唯金聲【而玉振之者】，然笱（後）忌（已）仁而以人仁，忌（已）義而以人義。大成至矣，神耳矣！”（三〇四、三〇五行）所謂“成也者，猶造之也，猶具之也”一句，似解詁“成”字，其實乃闡釋發明“集”之義旨。《小爾雅·廣詁》：“集，成也。”《呂氏春秋·盡數》：“集於聖人與爲夐明。”高注：“集皆成也。”《小爾雅·廣詁》：“造，進也。”胡承珙義證：“《周禮·大司寇》：‘以兩造禁民訟。’《儀禮·士喪禮》：‘造于西階下。’注並云：‘造，至也。’至與進義略同。”集亦訓至。具猶俱。《素問·三部九侯論》王冰注：“俱，猶同也，一也。”《廣雅·釋詁四》：“集，同也。”蓋集大成者能行天道，以金聲玉振而臻五行之所知，德形於內，善形於外，盡有和同之美，"集"之義大矣哉！"六成也者，金聲玉辰（振）之也。"大成，乃以舜之《韶》爲代表的古樂。《尚書·益稷》："《簫韶》九成。"孔穎達疏引鄭玄曰："成，猶終也。每曲一終，必變更奏。故《經》言九成，《傳》言九奏，《周禮》謂之九變，其實一也。"古人以九爲數之極。《素問·三部九侯論》："天地之至數，始於一終於九焉。"《漢書·杜欽傳》顏注引張晏曰："九，數之極也。"故九爲大，象天之德。《周易·乾卦》："用九。"注："九，天之德也。"所以九成又可稱爲大成，舜樂《九韶》，《周禮·春官·大司樂》作《大磬》、或作《大韶》，是其證也。古人以《韶》之大成爲至德象徵。《左傳·襄公二十九年》載吳公子季札請觀於周樂見舞《韶箾》（即《簫韶》）者，曰："德至矣哉，大矣！如天之無不幬也，如地之無不載也。雖甚盛德，其蔑以加於此矣，觀止矣。若有他樂，吾不敢請已。"《論語·八佾》亦載孔子謂"《韶》盡美矣，又盡善也。"故《五行》以大成象徵君子道亦即天道。

能進之爲君子，弗能進也，各止於其里

案："進之"指至於大成，亦下文所謂達於君子道。《小爾雅·廣言》："里，居也。"《太平御覽》卷一五七引《風俗通》："里，止也。五十家共居止也。"不能進於大成者，各休於其居止。

大而晏者，能又（有）取安（焉）。少（小）兒軫者，能又（有）取安（焉）：

案：帛書〈經〉晏作罕，〈說〉作炭。《說文》："炭，從火，岸省聲。"炭、罕亦音近通假。帛書〈說〉解詁云："大而炭也者，言義也；能有取焉也者，能行之也。""小而軫者，研仁也；能有取焉者也，能行之也。"（三一〇、三一一行）取讀爲趣，《毛詩·大雅·棫樸》："左右趣之。"傳："趣，趨也。"《列子·陽問》："汝先觀吾趣。"張注："趣，行也。"簡文"有取（趣）"猶言"有行"，謂嚮往仁、義而必行也。

疋膚膚達者君子道，胃（謂）之臤（賢）：

案：帛書本〈經〉文作"索纑纑達於君子道"，〈說〉引作"衡盧盧【達】於君子道"。簡文疋，讀爲赫。《說文》："疋，古文以爲《詩・大疋》字。"疋（雅）借爲赫，二字疑、曉旁紐，其韻魚鐸對轉，故得通假。赫，盛也，有明德之貌。《毛詩・衛風・淇奧》："赫兮咺兮。"傳："赫，有明德赫赫然。"《毛詩・大雅・常武》："赫赫明明。"傳："赫赫然盛也。"膚同臚，《說文》："臚，籀文作膚。"膚膚，讀爲曥曥，日照光明之貌。《改併四聲篇海・日部》引《玉篇》："曥，日色。"《篇海類篇・天子類・日部》："曥，日照也。"《爾雅》："曥曥，明也。有志者篤而行之，達於大成之境界，盛德至矣哉，故有顯盛昭明之貌。參看本書帛書《五行》相關校釋。簡文者讀爲諸，《詞詮》卷五："諸，'之於'二字之合聲。"

智（知）而事之，胃（謂）之障（尊）臤（賢）者也：

案："智（知）而事之"帛書本作"從而事之。"據帛書本校，簡本"臤"自後脫"前王公之尊賢"六字，此文當作"智（知）而事之，胃（謂）之障（尊）臤（賢）。【前，王公障（尊）臤（賢）】者也。"

後，士之障（尊）臤（賢）者也：

案：據帛書〈說〉解，王公之尊賢者，即"君子知而舉之也者，猶堯之舉舜，□□之舉伊尹也"；士之尊賢者，即"君子從而士（事）之也【者】，猶顏子、子路之士（事）孔子也"。（三一三至三一五行）是知《五行》篇所稱之賢者，如舜、伊尹、孔子"，在《孟子》書中皆爲聖人矣。二書有歧異，可見一斑。

耳目鼻口手足六者，心之返也。心曰唯，莫敢不唯；如（諾）（以上簡四十五），莫敢不如（諾）；進，莫敢不進；

後，莫敢不後；深，莫敢不深；淺莫敢不淺。和則同，同則善（以上簡四十六）。

【校箋】

耳目鼻口手足六者，心之返也：

　　案："心之返也"，帛書本作"心之役也"。"返"字不識，待考。疑"反"字似"殳"之異構。

　　此章闡釋子思子"心君體民"之說，"君子以心導耳目"也。參看本書帛書〈說〉（三一六至三二六行）校釋。

心曰唯，莫敢不唯：

　　案：唯，象聲詞。應答聲也，用於對尊長表恭敬。《禮記·曲禮上》："父召無諾，先生召無諾，唯而起。"鄭玄注："應辭'唯'恭於'諾'。"

如（諾），莫敢不如（諾）：

　　案：帛書本作"心曰諾"，以下駢列句首皆有"心曰"。簡文則第一句有"心曰"，而餘皆承上而省。諾，應答聲。《毛詩·魯頌·閟宮》："莫敢不諾。"鄭箋："諾，應聲也。"

後，莫敢不後；深，莫敢不深：

　　案：帛書〈經〉文脫漏此二句。

淺莫敢不淺：

　　案：帛書本作"心曰淺，莫敢不淺"。簡文張光裕教授釋爲淺。一說，疑此字右部亦簡三七、三八"不羹（辯）於道之"羹（奚）字別構，經籍爲班布之班字,與"辯"同爲元部,其聲幫、並旁紐,音極近;淺字从水,戔聲。"戔"又音普見反,(《周禮·考工記·鮑人》)注:"羊豬戔。"《釋文》:"戔,劉音普見反。馬融音淺。")《類篇》又音匹見切,古音元部滂紐,亦與"癸"、"辯"音極近。

和則同,同則善:

案:帛書〈說〉解詁云:"和也者,小體(體)變(便)變(便)然不圉於心也,和於仁義。仁義,心。同者,與心若一也,□約也,同於仁。仁義,心也,同則善耳。"(三二六、三二七行)小體(體),謂耳目鼻口手足也。"變變然",猶"勉勉然,遜遜然",見〈說〉二四八行。圉,讀爲患。《一切經音義》卷十二引《廣雅》:"患,憂也。"□約,殆可補爲【守】約。

【文獻別錄】《尸子·貴言》:"目之所美,心以爲不義,弗敢視也。口之所甘,心以爲不義,弗敢食也。耳之所樂,心以爲不義,弗敢聽也。身之所安,心以爲不義,弗敢服也。然則令於天下而行,禁焉而止者,心也。故曰:'心者,身之君也。'"與《五行》本章文意甚近,亦發揮《子思子》:"民以君爲心,君以民爲體。心莊則體修,心宿則體敬"(《文選·四子講德論》李善注引。又見《禮記·緇衣》),"君子以心導耳目,小人以耳目導心"(《意林》卷一引)之旨。"心者,身之君也"帛書《五行》之〈說〉三二二行有相似之句,惜有殘損。

目而智(知)之胃(謂)之進之。嚮〈喻〉而智(知)之胃(謂)之進之。辟(譬)而智(知)之胃(謂)之進之(以上簡四十七)。幾而智(知)之,天也。"上帝賢女(汝),毋貳尔心",此之胃(謂)也。

【校箋】

目而智（知）之，胃（謂）之進之：

案：帛書〈說〉解詁云："目之也者，比之也。天監【在】下，有命既雜者也。天之監下也，雜命焉耳。……不遁（循）其所以受命也，遁（循）之則得之矣，是目之已。故目萬物之生（性）而□□獨有仁義也，進耳。"（三二八至三三一行）缺文可補爲【人生（性）】。目，視也。比之，謂比其例，比其類。《禮記·王制》："必察小大之比以成之。"《釋文》："比，例也。"《禮記·樂記》："比類以成其行。"孔疏："比謂比擬善類。""天監"云云，典出《詩經》。雜讀爲集。《毛詩·大雅·大明》："天監在下，有命既集。"傳："集，就。"鄭箋："天監視美善惡於其下，其命將有所依就，則豫福助之。"進之，謂進於仁義，進於君子道。此章承"能進之爲君子"（簡四二）爲說，目而知之，喻而知之，譬而知之，皆爲"達者（諸）君子道"的修身之方，遵天之命也。

窬〈喻〉而智之，胃（謂）之進之：

案："窬"乃抄寫之訛誤。帛書本作"諭（喻）"，且此句在"辟（譬）而知之，胃（謂）之進之"之後。帛書〈說〉解詁："楡（喻）之也者，自所小好楡（喻）虖（乎）所大好。"（三三九行）喻，曉也、明也。《論語·里仁》："君子喻於義。"集解引孔子注："喻，猶曉也。"《呂氏春秋·正名》："足喻治之所悖。"高注："喻，明也。""喻而知之"，殆爲由小及大，由此及彼的觀照方法。

辟（譬）而智（知）之，謂之進之：

案：《集韻·寘韻》："譬，或作辟。"辟（譬），喻也，譬喻也。《禮記·大學》："所謂齊其家在修其身者，人之其所親愛而辟焉，之其所賤惡而辟焉，之其所畏敬而辟焉，之其所哀矜而辟焉，之其所敖惰而辟焉。"參看帛書〈說〉云："弗辟（譬）也，辟（譬）則知之矣，知之則進耳。辟（譬）丘之與山也，丘之所以不□名山者，不責（積）也。舜有仁，我亦有仁，而不如舜之仁，不責（積）也。舜有義。而我【亦有義】，而不知舜之義，不責（積）也。辟（譬）此之而知吾所以不如舜，進耳。"（三三六至三三八行）譬而知之，乃參觀眾端而比較而自省觀照方法，以明善惡，審是非，識等差，省己身也。參看《墨子·小取》："辟也者，舉也（它）物而以明之也。" 《潛夫論·釋難》："夫譬喻也者，生於直告之不明，故假物之然否以彰之。"

幾而智（知）之，天也：

案：帛書〈經〉文此句缺損，〈說〉引文幾作鐖。幾，細微之跡，萌兆之始。《說文》："幾，微也。" 《周易·繫辭下》："幾者，動之微告之先見者也。"韓康伯注："幾者，去無入有。理而未形者，不可以名尋，不可以行睹也，唯神也。不疾而速，感而遂通，故能玄照鑑於未形也。合抱之木，起於毫末，吉凶之彰始乎微兆。"一說，此句言"天監在下"，天視人之善惡於隱微欲萌之時，故下文引《詩》戒之以"毋貳爾心"。一說，幾、謂研幾，此句言君子知天道有天德，故能研幾、知幾也。如〈繫辭上〉云："聖人之所以極深而研幾也，唯深也故能通天下之志，唯幾也故能成天氣之務。"孔穎達疏："研幾者，參伍以變，錯綜其數。通其變，遂成天地之文，極其數，以定天下之象，是研幾也。"〈繫辭下〉："子曰：'知幾其神乎。君子上交不諂，下交不瀆，其知幾乎！'"參看帛書〈說〉云："鐖而知之，天也。鐖也者，齎數也。"唯有天德者，然笱（後）鐖而知之。"（三四四行）

"上帝賢女（汝），毋貳爾心"，此之胃（謂）也

案：帛書本作"《詩》曰：'上帝臨女（汝），毋賦（貳）爾心'，此之胃（謂）也。"裘錫圭先生按："簡文'上帝'下一字，恐即'臨'字之誤寫。"參看《毛詩·大雅·大明》："上帝臨女，無貳爾心。"傳曰："言無敢懷貳心也。"鄭箋："臨，視也。

大陸（施）者（諸）其人，天也。其（以上簡四十八）人陸（施）

者（諸）人，盇也。

【校箋】

大陉（施）者（諸）其人，天也：

案：帛書本作"天生諸其人，天也"。簡文"大"應爲"天"字之誤，陉讀爲施，二字古韻同隸歌部，其聲定、書準旁紐，因近通假。先秦有"天施"一語，《周易·益卦·彖傳》："天施地生，其益無方。"孔穎達疏："天施氣於地，地受氣而化生。"《荀子·大略》："王者先仁兒後禮，天施然也。"《廣雅·釋詁三》："施，予也。"此句言天以明德施予其人，乃天命也。帛書〈說〉解詁云："天生諸其人也者，如文王者也。"（三四五行）參看《毛詩·大雅·皇矣》："帝謂文王，予懷明德。"鄭箋："天之言云：我歸人君有光明之德。"〈大明〉："有命自天，命此文王。"文王正爲受天命而懷明德之人。

其人陉（施）者（諸）人，盇也：

案：帛書本此句末殘損，作"□也"。有"其人施諸人，不得其人不爲法。"爲簡本所無。盇，傳世字書未見。此字從皿，盇聲；盇，從人，虜聲；虜，從絇，幸（卒）聲。是知盇乃屬卒字聲系，古音爲緝部、泥紐。疑盇讀爲佮《廣韻·合韻》："佮，合也。他合切。"古音甚近，同爲緝部端組字，故得通借。此句意爲，天予明德之人，將天意大德施於有志之士，是謂志同道合。

帛書〈說〉云："其人它（施）者（諸）人也者，如文王之它（施）者（諸）弘夭、散宜生也。其人它（施）者（諸）人，不得其人不爲法。言所它（施）之者，不得如散宜生、弘夭者也，則弗【爲法】矣。（三四五、三四六行）以君臣遇合爲說。弘（閎）夭、散宜生等皆爲輔佐周文王、武王之開國功臣。《孟子·盡心下》亦云"太公望，散宜生則見而知之。"趙注："散宜生，文王四臣之一，有文德而爲相。"說詳《尙書·君奭》載周公之言，稱讚閎夭、散宜生等"亦惟純佑秉德，迪知天威，乃惟時昭文王迪見冒，文於上帝，惟時受有殷命哉"，"純佑"，古成語，金文多作"屯右"此處作名詞，指輔國賢臣。王先謙《尚書參證》："言茲五臣秉執明德，進知皇天威命所屬，共輔文王。"商周開國之君求賢尊賢，乃君臣合德之典型，傳爲佳話。《漢書·東方朔傳》稱其"心合意同，謀無不成，計無不從，誠得其君也"。王褒《聖主得賢臣頌》讚爲"千載一合"。《三國志·曹植傳》亦稱此爲"君臣合德而庶政成"，"誠道合志同，玄謨神通。……《書》曰：'世有不世之君，必能用不世之臣，用不世之臣，必立不世之功。'商周二王是矣。"子思學派"崇德尊賢"之思想在《五行》篇中得到充分發揮。

　　昚（聞）道而兌（悅）者，好悬（仁）者也。昚（聞）道而畏者，好（以上簡四十九）義者也。昚（聞）道而共（恭）者，好豊（禮）者也。昚（聞）道而藝（樂）者，好惪（德）者也（以上簡五十）。

【校箋】

昚（聞）道而兌（悅）者：

　　案：帛書本作"聞君子道而說（悅）"，"聞道"四句帛書本句末皆無"者"字，帛書〈說〉解詁云："道也者，天道也，言好仁者之聞君子道而以之其仁也，故能（悅）。說（悅）也者，刑（形）也。"（三四七、三四八行）

昚（聞）道而畏者，好義者也：

　　案："帛書本〈經〉文此處有殘損，作"聞道而□□義者也"。帛書〈說〉引作"聞君子道而威，好義。"亦脫句尾"者也"二字。帛書1980年整理本以威借爲畏，是也。《廣雅·釋詁一》："畏，敬也。"《禮記·曲禮上》："畏而愛之。"注："心服曰畏。"

耆（聞）道而藚（樂）者，好惪（德）者也：

案：帛書本作“聞而樂，有德者也”，“聞”下脫“道”字，“好”作
“有”。帛書〈說〉解詁云：“道也者，天道也，言好德者之聞君子道
而以夫五也爲一也，故能樂，樂也者和，和者惪（德）也。”（三五0、
三五行）此句之“樂”，應爲音樂之“樂”。《孟子·公孫丑上》：“聞
其樂而知其德。”

本章敘述聞而知之，大德內形的境界，亦即內聖，由人道而達天道。參
看定州漢簡《文子》：“天道，德之行也。”（2216）

一九九九年十月九日完稿，寒露時至，拒霜花開。

帛書《五行》校釋

（原《馬王堆漢墓帛書〈德行〉校釋》）

例　言

一、本書以文物出版社一九七四年九月影印馬王堆漢墓帛書《老子》甲本卷後古佚書及釋文注釋線裝大字本爲底本進行校釋，善者探之，缺者補之。凡關字、句、訓、釋，拙見所及，不避繁瑣，悉論列之。

二、甲本卷後古佚書凡四種。從第一百七十行至三百五十行爲第一種，原抄本無篇名，前頭部分有殘損，然今存之首句"□□□□胃之德之行"正與全篇主旨相合，據後人爲周秦諸子名篇之通例，姑取其首句二字，名曰《德行》篇。從第四百五十一行至四百六十三行爲第四種，帛書整理小組認爲"另是一篇，綜述道德'五行'之關係，似是本卷之後敘"，今摘其首句"四行成，善心起"二字，題名爲《四行》篇。本書對兩篇同加校釋，根據文意，聯繫比證。

三、原帛書抄本，有圓點作章節符號，惜已殘缺，不能全部復原。爲存古籍之真，仍按現存之圓點，盡可能編出章節順序。例如"一、2"即爲第一種古佚書之第二節，"四、3"即爲第四種古佚書之第三節，帛書原標之圓點，一併印出，供進一步研究。

四、原抄本之異體字、假借字，馬王堆帛書整理小組已在釋文中隨文注明，外加（）標誌，原有奪字衍文，釋文亦不作增刪，另爲注釋。本書一仍其舊，凡異體、假借，文字之奪、訛、衍、倒，間出己見，補爲校釋，附於其後。

五、原抄本多有殘缺，底本以□符號標出大致缺損字數。本書根據原篇前經後說之體例，互相校補；又結合今存之儒家其他經籍，審其文意，參照發明；以現代語法、修辭、詞章之學，繼乾嘉諸賢之緒，亦有助於古籍原貌之恢復；不揣譾陋，片言只句，嘗試補出，故曰"殆"曰"疑"。匪敢妄議，惟冀千慮之一得，對此亡佚千年之書之闡發，俾有小助。自知難免射覆之譏，幸原書俱在，庶無明人妄改古書之弊。鄙見悉入校釋，以供參考。

六、影本釋文注釋，實有草創之功，偶有漏誤，亦所難免。本書在此基礎上重作校釋，凡引原注，皆云"帛書整理小組曰"，若下己意，則曰"案"，以爲區別。

七、本書前半部爲校釋，後半部爲研究劄記。劄記從中國古代思想史角度，集中反映作者對古佚書之分析與評估。

八、本書蒙學長龍晦教授審閱初稿並作序，又蒙巴蜀書社影印編室提出寶貴意見，得以出版。在此謹表謝忱。

【訂正】

文物出版社一九八〇年出版《馬王堆漢墓帛書（壹）》，對一九七四年以來問世的《老子》甲本卷後古佚書釋文，注釋進行了修訂，將第一種定名爲《五行》，第四種定名爲《德聖》。一九九三年秋，湖北省荆門郭店楚墓出土了《五行》的完整竹簡，今據《郭店楚墓竹簡》應定名爲《五行》。

一、1

　　□□□□胃（謂）之德之行；不刑（形）於□□□□□□□□□□□□□□□□□□□□□□□170□刑（形）於內，胃（謂）之德之行；不刑（形）於內，胃（謂）□□□□□□□□□□□□□□□□171 行。禮刑（行）於內，謂之德之行；不行於內，胃（謂）之行。聖刑（行）於內，□□□□□□□□之行。德之行五，和胃（謂）之德；四行和，胃（謂）之善。善，人道也；德、天道也。君子毋（无）中□□173 憂則无中心之知（智），无中心之知（智）則无中心之說（悅），无中心之說（悅）則不安，不安則不樂，不樂則无德。□□□174 无中心之憂則无中心之聖，无中心之聖則无中心之說（悅），无中心之說（悅）則不安，不安則不樂，不樂則□175 德。　五行皆刑（形）於闕（厥）內，時行之，胃（謂）之君子。士有志於君子道，胃（謂）之之（志）士。

□□□□胃之德之行：

　　案：《周禮·地官·師氏》："以三德教國子。"鄭玄注："德行，內外之稱，在心爲德，施之爲行。"　《春秋繁露·爲人者天》："人之德行，化天理而義。"義者宜也。

禮刑於內胃之德之行：

　　案：《禮記·表記》："君子恥有其服而無其容，恥有其容而無其辭，

恥有其辭而無其德,恥有其德而無其行。"《疏》: "德在於內,行接
於外。內既有德,當須以德行之於外,以接於人民。《淮南子·要略》:
"執中含和,德形於內,以莙臨天地。" "德不內形,而行其法籍,專
用制度,神祇弗應,福祥不歸。" "德形於內,治之大本。"皆可與斯
旨互相發明。

德之行五和胃之德:

帛書整理小組曰: "按《荀子·非十二子》責罪子思、孟子'案往舊造
說,謂之五行。'楊倞注: '五行五常: 仁、義、禮、智、信是也。' "

龐朴曰:佚書以"仁義禮智聖"爲"五行",還說"五行"和則"樂"。
(說詳所撰《馬王堆帛書解開了思孟五行說之謎》,載《文物》一九七
七年第十期。)

案: "德之行五"乃倒文,謂德之行有五,蓋承上文分述"德之行"而
云,與"德之五行"同。楊倞以"五常"解"五行",說本董仲舒《舉
賢良對策一》: "夫仁、義、禮、知、信五常之道,王者斯當修飭也。"
《白虎通·情性》說"五常"同。又,翼奉亦謂"五行在人爲性","性
者,仁、義、禮、智、信也。"(《五行大義》卷四引)與佚書"五行不能密
合。《賈子·六術》: "人亦有仁、義、禮、智、聖之行,行和則樂,
與樂則六。"(明以後刻本皆改"聖"爲"信",而盧文弨所見宋代建
甯府陳八郎書鋪刻本"信"作"聖"。)賈誼所稱"五行"與佚書切近。

四行和胃之善善人道也:

帛書整理小組曰: "四行下文屢見,即仁、義、禮、知。"

案:《禮記·喪服四制》: "凡禮之大體,體天地法四時,則陰陽,順
人情,故謂之禮。訾之者,是不之禮之所由生也。……有恩,有理,有
節,有權,取之人情也。恩者,仁也;理者,義也;節者,禮也;權者,
知也。仁、義、禮、知,人道具矣。"此與帛書所謂"四行和謂之善。
善,人道也。"其旨相合。

德天道也：

案："德"與"善"、"天道"與"人道"對舉，蓋"德"，爲五行之和，較"善"爲四行之和境界更高，而得"聖"焉。佚書275行云："知其天之道也，聖也。"454行云："知天道曰聖。"故云"德，天道也"，謂其已臻"聖"之化境，得天之道矣。《禮記·禮器》："天道至教，聖人至德。"《疏》云："聖人法天之至極而爲德。"《淮南子·詮言訓》："天道無親，惟德是與。"《春秋繁露·深察名號》："天人之際，何而爲一。同而通理，動而相蓋，順而相愛，謂之德道。"皆發揮聖人得天道之旨。

君子毋中□□憂則無中心之知：

案：缺字當補"心之"二字。"毋"當作"無"。憂者，思也，深慮也。《爾雅·釋詁上》："憂，思也。"《素問·陰陽應象大論》："在志爲憂。"《注》："憂，深慮也。"此句與下文175行"無中心之憂則無中心之聖"對舉，謂欲聖與智，必經歷內心之慎思深慮，故後文即反復申說"思不精不察，思不長不得"云。又《論語·子張》："博學而篤志，切問而近思，在其中矣。"《禮記·中庸》："博學之，審問之，慎思之，明辨之，篤行之。"可以參看。

不安則不樂：

案："安"與"樂"（音洛）乃戰國儒家修養理論之重要觀念，二者相生相成。《禮記·祭義》："易直子諒之心生則樂，樂則安，安則久，久則天，天則神。天則不言而信，神則不怒而威，致樂以治心也。"（《釋音》："樂、樂並音洛。"）《荀子》書多明斯旨。其《榮辱》篇云："仁義德行，常安之術也。"《強國》篇云："所以養生安樂者莫大乎禮義。"《禮論》謂"恭敬辭讓之所以養安也。"《解蔽》云："仁者之思也恭，聖人之思也樂，此治心之道也。"楊《注》："思，慮也。樂，謂性與天道無所不適。"以上皆有助於理解"安"、"樂"之義也。唯禮樂之樂可以致"安"、"樂"，故《禮記·樂記》云："鐘鼓干戚，所以和安樂也。" 《墨子·公孟》載儒者答墨子曰："樂（音洛）以爲樂（音岳）。"即此義也。下文"不樂則無德"，則主要指禮樂之樂矣。

不樂則無德：

案：儒家視樂爲中心和綱紀，有樂則和，和則成德，《禮記·樂記》云："樂者，天地之命，中和之紀。"又云："樂者德之華也"，"樂張德"，"德音之謂樂"。《荀子·樂論》云："樂者，天下之大齊也，中和之紀也，人情之所必不免也。"又云："金石絲竹，所以道德也"，"樂者，和之不可變者也"，"君子明樂，乃其德也"，本書 350 行亦云"樂□者和，和者德也。"

□□□無中心憂則無中心之聖：

案：缺字可補作"故君子"。

不樂則□德：

案：脫字當補作"無"。

一、2

　·善弗爲无近□176 得（德）弗之不成，知弗思不得，思〔不〕晴（精）不察，思不長不得，思不輕不刑（形），不刑（形）則不安，不安□177 不樂，不樂則无德。不仁，思不能晴（精）；不知，思不能長。不仁不知。未見君子，憂心不能 178□□□□□不能則□能說（悅）。

善弗爲無近□：

> 案：缺字殆可補"德"字，"善弗爲無近德"。《國語·晉語四》："善，德之建也。"《注》："言能善善，所以主德。"

得弗之不成：

> 案："得"通"德"。之，用也。《戰國策·齊策三》："之其所短"。《注》："之，猶用也。"此二句與後文 451 行"四行成，善心起"，"五行形，德心起"之意可互相發明，謂內心之德，必行之於外也。

知弗思不得：

> 案：《論語·爲政》："學而不思則罔，思而不學則殆。"《中論·治學》："孔子曰：弗學，何以行？弗思，何以得？小子勉之！"

思不精不察：

> 案：精，精誠，純一也。《管子·心術下》："中不精者心不治。"《注》："精，誠至之謂也。"察，審也。《賈子·道術》："精微皆審謂之察。"

思不長不得：

> 案：長，久也，此句指"知之思"。

不安□不樂：

> 案：依句例脱字當補爲"則"。

不仁不知：

> 案：《論語·衛靈公》："知及之，仁不能守之；雖得之，必失之。知及之，仁能守之。不莊以蒞之，則民不敬。"《孟子·公孫丑上》："而不仁，是不智也。"

未見君子，憂心不能：

> 案：此殆爲古佚詩。能，耐也。能，耐古字通。《荀子·正名》："能有所合謂之能。"《注》："能當爲耐，古字通也。"《毛詩·小雅·漸漸之石》《箋》曰："豕之性能水。"《釋文》："能本又作耐。""憂心不能"，猶言憂心難以忍受也。

……□□不能則□能悅：

> 案：缺爛處當補爲"憂心不能則不能悅。"

一、3

《詩》曰："未見君子，憂心袚（惙）袚（惙）。亦既見之，亦既鉤（覯）之，我〔心〕179〔則〕說（悅）。"此□仁之思也。晴（精）□□晴（精）□□心不能輕，不仁不聖。未見君子，憂心□□180□□，既見君子，□□□□□□□□則察，察則安，安則溫，溫則□□□□□□181憂，不憂則王色，王色則刑（形），刑（形）則仁。知之思也，長則得，□則不忘，□□則明，明則□□□□□□182□則刑（形），刑（形）則知。

詩曰未見君子憂心袚（惙）袚（惙）：

> 帛書整理小組曰："此所引詩，《毛詩·召南·草蟲》作'未見君子，憂心惙惙。亦既見止，亦既觀止，我心則說。'"
>
> 案：帛書借袚爲惙，此二字古音同爲端母月部，且形似；與上句"言采其蕨"協韻。

此□仁之思也：

案：當補“謂”。

睛（精）□□睛（精）□□心不能輕不仁不聖：

案：參照178行句例，此脫爛之處當補足爲“不仁，思不能精；不聖，思不能輕；不仁不聖。”整理本“心”字，當爲“思”字壞爛後所餘之下半。

未見君子憂心□□□□既見君子□□□□……：

案：《毛詩·小雅·出車》有“未見君子，憂心忡忡。既見君子，我心則降。”之句。《箋》：“降，下也。” 《疏》：“我心之憂則下矣。”殆與佚書所引詩意相去不遠。

□□□則察：

案：參照177、178行文意，此當補出“仁之思（也）精，精則察”。

安則溫：

案：《毛詩·大雅·抑》：“溫溫恭人，惟德之基。” 《傳》曰：“溫，寬柔也。” 《論語·述而》：“子溫而厲。”皇《疏》：“溫，和潤也。”《論語·季氏》載孔子謂君子有九思，其一即“色思溫”，皇《疏》云：“柔暢謂之溫。” 《賈子·道術》：“欣懽可安謂之熅。”熅與溫通。以上皆可從修養、言行方面理解儒家言“溫”之義。

不憂則王色：

案：《論語·子罕》：“仁者不憂。”又《顏淵》：“君子不憂不懼”，“內省不疚，夫何憂何懼？”王色當爲玉色，古隸玉、王二字形易混淆也。《禮記·玉藻》：“盛氣顛實揚休，玉色。” 《韓詩外傳·一》“容貌得則顏色齊，顏色齊則肌膚安。蕤賓有聲，鵲震馬鳴，及倮介之蟲，無不延頸以聽，在內者皆玉色，在外者皆金聲。"《論衡·驗符》："金聲玉色，人之奇也。"

□則不忘□□則明：

案：此數句爲蟬聯辭格，可補爲"得則不忘，不忘則明。"

明則□□□□□……：

案：182行"知之思也，長則得……"與183行"聖之思也輕"兩句駢比，句例亦同；又據282~283行"明也者，知臧之於目者。明則見賢人"文意，此處雖有脫字，壞爛又甚，然猶可補爲"明則見賢人，見賢人則□□，□□則刑（形），刑（形）則知。"

一、4

聖之思也輕，輕則刑（形），刑（形）則不忘，不忘則悤（聰），悤（聰）則聞君子道，聞君子道則王言，王言則□□183聖。

聞君子道則王言：

案：王言當作玉音，兩皆字形相近而訛。後文219行經解正作"玉音"，《毛詩·小雅·白駒》："勿金玉爾音，而有遐心。"《尚書大傳·四》："皆莫不磬折玉音金聲。"《注》："玉音金聲，皆宏殺之調。"下文187行"金聲，善也；王言，聖也。"王言亦當爲玉音，蓋金聲玉音對舉也。

一、5

·"尸（鳲）厽（鳩）在桑，其子七氏（兮）。叔（淑）人君子，其宜一氏（兮）。"能爲一然後能爲君子，君子慎其獨□。"〔燕燕〕[184]于蜚（飛），差池其羽。之子于歸，袁（遠）送于野。瞻望弗及，汲（泣）沸〈涕〉如雨。"能差池其羽然□□[185]是袁（遠）。君子慎其獨也。

尸厽在桑其子七氏叔人君子其宜一氏：

> 帛書整理小組曰："《毛詩·曹風·鳲鳩》作'鳲鳩在桑，其子七兮。淑人君子，其儀一兮。'"

> 案：氏、兮古音均在支部，故得通假。宜通儀。《國語·楚語下》"采服之儀"，《周禮·春官·序官》鄭司農《注》作"采服之宜"。

能爲一然後爲君子：

> 案：此即後人293行、325至326行所示"與心若一"之意，劉向說《鳲鳩》云："鳲鳩以一心養七子，君子以一儀養萬物。一心可以事百君，百心不可以事一君。"（見《列女傳》）此當爲發揮子思子"心貴"之義，《太平御覽》卷三百七十六引《子思子》："百心不可得一人，一心可得百人。"《意林》引《子思子》："君子以心導耳目，小人以耳目導心。"皆其證也。

君子慎其獨□：

> 案：《禮記·中庸》："莫見乎隱，莫顯乎微，故君子慎其獨也。"鄭《注》："慎獨者，慎其閑居之所爲。"《大學》所謂"慎獨"亦此義。然佚書所謂"慎獨"不同，後文227行云"內者之不在外也，是之胃（謂）蜀（獨），蜀（獨）也者舍體（體）也"，229行云"舍其體而獨其心也"，"獨"乃指心與耳、目、鼻、口、手、足數體間，惟心之性好"悅仁義"，

故"心貴",心爲人體之"君"也。（參看後文 316 行至 326 行。）慎讀爲順。《荀子·仲尼》："能耐任之則慎行此道也。" 《注》："慎讀爲順。" "慎獨"即"順獨"。順，從也，爲臣之道，《荀子·臣道》、《說苑·臣術》皆曰"從命而利君謂之順。"故"慎獨"者，謂"耳目鼻口手足六者，心之役也"（316 行），當尊心之"貴"，從心"君"之命，而同"好仁義也"。傳世經籍中惟《禮記·禮器》所云"禮之以少爲貴者，以其內心也。……是故君子慎其獨也"與佚書之義較接近。

【訂正】"□□是袁（遠），1980 年整理本"袁"訂正爲"哀"，楚簡本亦作"哀"。"

一、6

·君子之爲善也，有與始也，有與終也。君子之爲德也，有與始 186 也，无與終也。

有與始也無與終也：

> 案：《禮記·樂記》云："奮至德之光，動四氣之和，以著萬物之理，……小大相成，終始相生，倡和清濁，迭相爲經。"樂彰德，樂終而德尊，終始相生，德被天下。又《禮記·文王世子》："古之人一舉事，而眾皆知其德之備也，古之君子舉大事必慎其終始。"據後文 229 行，佚書認爲須"慎獨其心"始能爲德"無與終也"，即與《樂記》所謂"始終相生"相彷彿之境界。

一、7

金聲而玉振之，有德者也。金聲，善也；王言，聖也。善，人道也；德 187，天道也。唯有德者然笱（後）能金聲而玉振之。之不臀不說（悅），不說（悅）不戚，不戚不親，不親不愛，188□□□□□□不果，不果不簡，不簡不行，不行不義。不義不袁（遠），不敬，不敬不嚴，不嚴不尊，不尊不 189 不□□□□□□不聖，不聖不知（智），不知（智）不□，不□不安，不安不樂，不樂无德。

金聲而玉振之有德者也：

> 帛書整理小組曰："按《孟子·萬章下》：'孔子，聖之時者也。孔子之謂集大成，集大成也者，金聲而玉振之也。金聲也者，始條理也。玉振之也者，終條理也。始條理者，智之事也，終條理者，聖之事也。'"

> 案：佚書 206 行云："君子雜（集）泰（大）成，能進之爲君子，不能進，客（各）止於其□。"又 303、304 行云："大成也者，金聲玉辰（振）之也。唯□□□□□然後忌（已）仁而以人仁，忌（已）義而以人義。大成至矣，神耳矣。"以"集大成"爲君子之共同標準，而非孔專屬，其旨殆與《孟子》所云者有別。

不臀不說：

> 帛書整理小組曰："臀下文皆作'絲'，云'絲也者勉也'。"臀、絲蓋同音通假。

> 案：233、248 行均有"絲也者匘也"。帛書整理小組釋文"絲"讀爲"變"。絲當讀爲變（亦作戀）。

> 【訂正】1980 年整理本 233，248 行，"絲"改釋爲"變"。

不說不戚：

案：戚讀爲俶。《廣雅·釋詁三》："俶，近也。"

□□□□□□□不果：

案：188 行 "不脅不說" 至 190 行 "不樂無德"，大抵爲前後蟬聯遞進之緊縮複句，句例一律爲 "不……不………" 後文 233 行至 246 行又爲之申說。據此，可對此段闕文（188 行至 189 行）嘗試補足之。此可在 "不親不愛" 之後補出："不愛不仁，不直不迣，不迣不果"，其後接 "不果不簡" 句。

不尊不□：

案：據 241 行，當作 "不尊不恭"。

不……□□□□□□□□不聖：

案：此處脫爛過多，三看後文 242、243 行，殆可補爲 "不聰不明，不明不知，不聰不聖" 歟？待考。

不知不□不□不安：

案：據 244、255 行，當作 "不知不仁，不仁不安"。

一、8

　　顏色容□□190□也，以其中心與人交說（悅）也，□反焉，遷於兄弟，戚也。□□□信之親□□□□□□191 愛也。愛父，其絲（慈）愛人，仁也。中心辯焉而正行之，直也。直而行□□□□□□□192 不畏強圉（禦），果也。而以小道害大道，簡也。有大罪而大

71

誅之，行也。

顏色容□□□也：

案：據249行，當作"顏色容貌溫以說（悅）也"。

遷于兄弟戚也：

帛書整理小組曰："遷是遷移，即轉移到兄弟。"

案：戚，親也。參看《孟子·告子上》"戚之也"趙《注》。

□□□信之親□□□□□愛也：

案：據252、253行，可補爲"言戚者，信之親也，親而篤之，愛也。"

【訂正】1980 年整理本補爲"【戚】而信之，親【也。親而篤之】，愛之。"

受父其絲（慈）愛人仁也：

案：此處帛書抄寫有誤，當從後文254 行作"其殺愛人"。

【訂正】"絲（慈）"1980 年整理本訂正爲"絲=（繼）"。

中心辯焉：

帛書整理小組曰："辯是分辨，判別。"

案：中心，內心也；與下文"外心"對舉。辯，別也，正也，見《禮記·樂記》"樂師辯乎聲詩"《注》。

不畏強圉果也：

帛書整理小組曰："強圉即強梁、多力。"

案：《楚辭·離騷》："澆身被服強圉兮，縱欲而不忍。"王《注》："強圉，多力也。"《漢書·敍傳》："曾是強圉，敁克爲雄。"又有強暴之義。果，勇決也。《周禮·大卜》：“五曰果。”《注》：“果，謂以勇決爲之。”

而以小道害大道簡也：

案：“而”字抄寫有誤。當從後文 259 行作“不以小道害大道。”《逸周書·謚法》：“壹德不解曰簡。”

有大罪而大誅也行也：

案：《大戴禮記·盛德》云：“能行德法者爲有行。”

一、9

貴貴其等□193賢，義。以其外心與人交，袁（遠）也。袁（遠）而裝（莊）之，敬也。敬而不解（懈），嚴。嚴而威之，奠（尊）也。□□194而不驕，共（恭）也。共（恭）而博交，禮也。

貴貴其等□義：

案：據 263 行，當作“貴貴其等尊賢，義也”。

以其外心與人交袁也：

帛書整理小組曰：“《禮記·禮器》：‘禮之以多爲貴者，以其外心者也。’鄭玄注：‘用心於外，其德在表也。’袁（遠）是與人保持一定距離，因此就產生禮。”

案：孔穎達《疏》曰：“‘以其外心也者’，謂其用心於外也。用心於外，謂起自朝廷，廣及九州四海也。王者居四海之上，宜爲四海所畏服，故禮須自多，厚顯德于外，於外亦以接物也。"

敬而不解嚴嚴而威之尊也：

　　案：《禮記·樂記》："致禮以治躬則莊敬，莊敬則嚴威"。又見《祭義》篇。

□□而不驕共也：

　　案：後文 242 行解"恭"之義，有"敬下"之語，據此，疑當補作"在上面而不驕，恭也"。驕，慢也。《禮記·樂記》云："外貌斯須不莊不敬，而易慢之心入之矣。"與此文同意。

共而博交禮也：

　　案：博交猶辨（遍）交。說詳後文 270 行校釋。

一、10

　　未嘗聞君子道，胃（謂）之不恩（聰）；未嘗見賢□195，胃（謂）之不明。聞君子道而不知其君子道也，胃（謂）之不聖；見賢人而不知其有德 196 也，胃（謂）之不知（智）。見而知之，知（智）也；聞而知之，聖也。明明，知（智）也；壑（赫）壑（赫），聖也。"明明在下，壑（赫）壑（赫）在 197 上"，此之胃（謂）也。

未嘗見賢□胃之不明：

　　案：據後文 282、283 行，脫字當補爲"人"。

明明在下壑壑在上此之胃也：

> 帛書整理小組曰：“按《毛詩·大雅·大明》作‘明明在下，赫赫在上。’”

> 案：明明，察也，赫赫，顯赫盛大之貌，此謂上天也，赫、壑古音曉匣旁紐，同鋒部，故得通借。佚書以“知人道曰知”，故云在下；以“知天道曰聖”，故云在上。

一、11

·聞君子道，悤（聰）也。聞而知之，聖也；聖人知而〈天〉道。知而行之，聖也。行□□198□□□□□□□□□。見而知之，知（智）也。知而安之，仁也。安而敬之，禮也。□□199□□□□□□□□□□□□□□□□則樂，樂則有德，有德則國家與□□□□200□□《詩》曰：“〔文王在上，於昭〕于天。”，□□□□見而知之，知也。知而之□□□□□201之義也。行而敬之禮。仁義，禮知之所繇（由）生也。四行之所和則同，同則善。□□202不行不匿，不辯於道。有大罪而大誅之，簡；有小罪而赦之，匿也。有大罪弗□□203行；有小罪而弗赦，不辯□道。簡之爲言也猷（猶）賀（加），大而罕者。匿之爲言也猷（猶）204匿，匿小而軫者。簡，義之方也；匿，仁之方也。剛，義之方殹（也）；柔，仁之方也。《詩》曰：“不勮205不救，不剛不柔”，此之胃（謂）也。

知而行之聖也行□□□□□□□□□□□□□見而知之知也：

> 案：據子書前經後說之體例，可以後文 279 行至 283 行校補之。"聖"字誤，當作"義"此段殆作"知而行之，義也。行之而時，德也。見賢人，明也。見而知之，知也"。

安而敬之禮也□□……則樂樂則有德：

> 龐朴曰："據 285 行《說》文校補，又據 173、451 行文義及 202 行句法以意補"安而敬之禮也。〔仁義 199，禮樂所由生也。〕〔五行之所和，和〕則樂，"。

> 案：龐說是也。285 行所引經文正爲"仁義，禮樂所繇生也"。前引《賈子·六術》謂人有仁義禮智聖五行，"行和則樂"，而 286 行有"……則樂，和者有猶五聲之和也"之說，似止以五聲之和比喻五行之和。又據 349、350 行"好聽者之聞君子道而以夫五爲一也"，452 行謂有五行之和者爲君子（"有之者謂之君子"），此段可整理爲"仁義，禮樂所由生也。故君子五行之所和則樂，樂則有德。"正與下文"仁義，禮智之所由生也。四行之所和則同，同則善"句例駢比相合。

安而敬之禮也□□□□……則樂樂則有德：

> 案：參看後文 284 行至 287 行文意之層次，言畢"禮"則言禮樂與仁義之關係，又據前文 190 行所說"知、仁、安、樂、德"之聯繫，嘗試補出闕文"安而敬之，禮也。禮樂生於仁義也，聖則知，知則仁，仁則安，安則樂，樂則有德。"

有德則國家與□□□□□：

> 案：據後文 287 行，此當補作"有德則國家與，國家與則與仁義"。與，從也，親附之也，《國語·齊語》："桓公知天下諸侯多與己也。"《注》："與，從也。"此謂家國皆親附有德者，蓋親附仁義也。

詩曰文〔王在上，於昭〕於天：

> 帛書整理小組曰："按此詩下文屢引，缺字可以補齊。見《毛詩·大雅·文王》，文字相同，毛氏傳云："在上，在民上也。""

> 案：鄭《箋》云："文王初爲西伯，有功于民，其德著之於天，故天命之以爲王，使君天下也。"佚書引此詩，其旨在闡明"德"與"天道"之關係。

□□□□見而知之知也：

> 案：此句以下，分述聖與仁義禮知，脫爛處殆可補爲"聞而知之，聖也。"【訂正】當補爲"此之謂也"。

知而之□□□□□之義也：

> 案：據 199 行、283 行、290 行，"知而"下脫"安"字，此句當補爲"知而安之，仁也。安而行之，義也"。

行而敬之禮：

> 案：此句當與上句式一律，作"行而敬之，禮也"。脫一"也"字。

不行不匿不辯於道：

> 案：有大罪而弗大誅，是爲"不行"；有小罪而弗赦，是爲"不匿"。此二者，于天道皆蒙昧而不辯者也。

有大罪弗□□行：

> 案：據前文"有大罪而大誅之，行也"，此句系由反面申說，當補爲"有大罪而弗誅，不行"。參看後文 297 行。

不辯□道：

> 案：當補"於"字。

簡之爲言也猷（猶）賀：

案：後文 297 行作 "間（簡）爲言猶衡也"。古籍凡云 "之言"、"之爲言" 者，皆通其音義以爲訓詁，所釋詞與釋詞有音同、音近之關係。簡，古聲見母；賀、衡、匣母。古之聲母曉、匣大抵由見、溪、群嬗變來，故簡、賀、衡三字音近明矣。說詳後文疏證。

大而罕者：

案：此句與下句 "匿小而軫者" 句例應一致，故 "大" 前亦應有一謂詞，當爲 "簡之爲言也猷賀，賀大而罕者"。"大" 字前脫 "賀" 字。

匿之爲言也猶匿：

案：前一 "匿"，隱也，藏也，渭隱其小罪而赦之。後一 "匿"，讀爲暱，近也，親也，故爲 "仁之方也"。

匿小而軫者：

帛書整理小組云："軫，疑借爲珍，寶貴，稀少。"

案：匿讀爲暱。軫借爲胗，說詳後文 296 行校釋。

簡義之方也：

案：方，猶道也。參看《論語 · 雍也》"可謂仁之方也已。" 鄭《注》、皇《疏》。

詩曰不勴不救不剛不柔：

帛書整理小組曰："按《毛詩 · 商頌 · 長發》作 '不競不絿，不剛不柔。' 此詩下文又見，並有解釋云：'勴者，強也；絿者，急也。'"

案：《說文 · 十三下 · 力部》："勴，務也。" 朱駿聲云："謂用力之基。"《毛詩》作 "競"。競、勴古音同爲群母，其韻部乃陽魚魚對轉，故可通也。競，強也。《左傳 · 昭公二十年》載孔子引《詩》曰：" '不競不

絲，不剛不柔。布政優優，百祿是遒。’和之至也。”柱《注》：“竟，
強也。”足見絲、竟二字音近義同。佚書 301 行云：“詠者，急也。”
與毛《傳》之 “絲，急也” 同詁。佚書作 “救”、或作 “詠”，皆爲絲
之借字。

一、12

·君子雜（集）泰（大）成。能進之爲君子，不
能進，客（各）止於其□。206 大而罕者，能有取焉，
小而軫者，能有取焉。索（素）繡繡，達於君子道，
胃（謂）之賢。君 207 子知而舉之，胃（謂）之尊賢，
君子從而事之，胃（謂）之尊賢。前，王公之尊賢者，
□□□□□道者也。耳目鼻口手足六者，心之役也。
心曰唯，莫敢不□209□□□□敢不□□□曰進，莫敢
不進；心曰淺，莫敢不淺；□□□□210之□□胃（謂）
之□□□□。辟（譬）而知之，謂之進之。諭（喻）
而知之，胃（謂）□□□□□211□也。詩曰：“上帝
臨女，毋膩（貳）爾心”，此之胃（謂）也。天生諸
其人，天也。其人施諸□□212也。其人施諸人，不得
其人，不爲法。

君子雜泰成：

案：《禮記·學記》：“九年知類通達，強立而不反，謂之大成。”乃就
一般學子而言，至學問博大精深，薈萃前賢英華則爲集大成矣。故《孟

子·萬章下》贊孔子爲集大成者也。"大成"一詞,原與音樂相關。《尙書·益稷》:"蕭韶九成。"《疏》引鄭玄曰:"成,猶終也。每曲一終,必變更奏。故《經》言九成,《傳》言九奏,《周禮》謂之九變,其實一也。"九者,數之極也,九成亦可謂大成。故後 303 行云:"大成也者,金聲玉辰(振)之也。"正以音樂爲喻。

客止於其□:

案:據後文 305 行,當補作"各止於其里"。里,居也。此謂力不足大成者,各止步於其所也。

索纑纑達於君子道冑之賢:

案:當從後文 311 行作"衡盧盧"。衡借爲"赫",赫爲曉母鐸部字,衡爲匣母陽部字,其聲爲喉音旁紐,其聲鐸陽對轉,故得通假。赫,盛也。《文選·高唐賦》:"巫山赫其無疇兮。"《注》:"赫然,盛貌。"盧盧,通"爍爍"(《石鼓文》:"帛(白)魚鰊(爍)鰊(爍)。")、"朗朗"、"烺烺"、"矑矑",詞同源也,皆光顯昭明之貌。《文苑英華》卷二十九喬潭《群玉山賦》:"赫矑矑、高崇崇,秘精義乎其中。"《篇海》:"矑,日色也。""矑,日照也。"佚書之"衡盧盧,猶中古漢語之"赫矑矑"也,言賢者臻於"集泰(大)成"之境界,故有顯盛而光明之貌也。又:考"赫"有兩讀,一爲曉母,一爲書母。(經籍異文:"赫"或作"爽",或作"赦"。皆爲書母。)而"索"爲中古之心母一等字,與"赫"之異讀書母三等字,二者在上古聲類中亦爲準雙聲。故帛書 207 行殆以聲近而書爲"索"矣,且"赫"與"索"古韻亦同隸鐸部。

前王公之尊賢者□□□□□道者也:

案:此句與前三句似爲層遞辭格,句式相同。疑當補作"謂之從君子道者也"。

【訂正】缺文當補作"後,士之尊有道者也"。

心之役也：

帛書整理小組曰：“役，使也。”

案：《國語·鄭語》“正七體以役心”。韋昭以七體爲七竅，非是，當爲耳目鼻口手足身也。七者皆爲心之使也。佚書只言及六者。

心曰唯莫□不……敢不……曰進：

案：據後文 321 行、323 行文意，此當補足爲“心曰唯，莫敢不唯。心曰諾，莫不諾。心曰進，莫敢不進。心曰深，莫敢不深。”接下句“心曰淺，莫敢不淺。”

……之胃（謂）之……辟而知之謂之進之：

案：據後文 327 行、335 行，此處當補作“目而知之，謂之進之。譬而知之，謂之進之”。

諭而知之胃之……也：

案：據後文 337、338 行及 342 行，此處當補作“喻而知之，謂之進之。鐖而知之，天也。”

上帝臨女毋膩爾心：

帛書整理小組曰：“《毛詩·大雅·大明》作，‘上帝臨女，無貳爾心。’貳即二，二心即疑心。”

案：毛《傳》云：“言不敢懷貳心也。”貳，二心也。《國語·晉語一》：“從君而貳。”《注》：“貳，二心也。”此作動詞。《春秋繁露·天道無二》：“詩云：‘上帝臨汝，無二汝心。’知天道者之言也。”尚近於佚書之旨。

其人施諸□□也：

案：據後文 344 行，此當補作“其人施諸人者也”。

不得其人不爲法：

案：《禮記·中庸》“君子動而世爲天下道，行而世爲天下法”，可以發明斯旨。

一、13

·聞君子道而說（悅），好仁者也。聞道而□□ 213義者也。聞道而共（恭），〔好〕禮者也。聞而樂，有德者也。214

聞道而□□義者也：

案：據後文 347 行，此當補作“聞道而威，好義者也”。

聞而樂有德者也：

案：據後文 349 行可知，“聞”下脫“道”字。

【訂補】以上爲經文，楚簡本同。以下爲經之（說），本宜另行偏號。

一、14

·聖之思也輕。思也者思天也；輕者㑃（上）矣。輕則刑（形），刑（形）者，刑（形）其所思也。酉（柳）下子輕思於翟，215路人如斬，酉（柳）下子見其如斬也。路人如流，言其思之刑（形）也。刑（形）則不忘。不忘者不忘其所□216也，聖之結於心者也。

不忘則嬰（聰），嬰（聰）者聖之臧（藏）於耳者也，猶孔子之聞輕者之敔（擊）而得 217 夏之盧也。嬰（聰）則聞君子道。道者天道也，聞君子道之志耳而知之也。聞君子道則 218 □□□□□□而美者也，聖者聞志耳而知其所以爲物者也。玉音則□□□ 219 □□□□□□□□聖。 220

聖之思也輕：

> 龐樸曰："這篇佚書原由兩部分組成：自第一七〇行至第二一四行，即原第一大段，爲第一部分；自第二一五行的提行另段開始，直至末第三五〇行，爲第二部分，第一部分提出了若干命題和基本原理，第二部分則對這些命題和原理進行瞭解說，這是戰國時期的一種文章格局。《管子》、《墨子》、《韓非子》等書中，都有這種篇章。照當時的習慣說法，這第一部分叫《說》，或者叫《某某解》。"
>
> 案：龐說是也。然第一七〇行之前，壞爛甚矣，故經言部分亦非全璧。"聖之思也輕"正爲第 215 行之始，原鈔本上有紅色圓點在焉。

酉下子輕思於翟：

> 帛書整理小組曰："酉、柳古音相同，可以通假，酉下子疑是柳下惠。"
>
> 案：《周禮·春官·大宗伯》："以槱燎祀司中、司命、飌師、雨師。"《風俗通·祀典》作"以柳燎祀風師"。此即酉、柳通假之證也。思孟學派推崇柳下惠，以之與伯夷、孔子並論，《孟子·萬章下》云"柳下惠，聖之和者也"，本佚書 281 行亦云"和也者惠也"，故帛書整理小組之說有據也。於翟，當與《四行》所謂"其事化翟"義同，"於"，魚部影母。"化"，歌部曉母。其韻魚歌通轉，古所常見；影、曉古爲喉音清聲旁紐，其聲同類，故"於"之與"化"音近。試析證之："於"通"爲"，《老子·道經》："貴以身於天下，"《淮南子·道應》作"貴

以身爲天下"，王念孫父子曰："於猶爲也。"其義同蓋聲近也。"爲"
又通"化"，從爲得聲之"譌"亦作"訛"，《毛詩·小雅·正月》："民
之訛言"，《說文·三上·言部》作"民之譌言"。《方言·三》："譌，
化也。"、"爲"通"化"，故"於"亦得與"化"通，皆聲之轉也。
"於翟"同"化翟"，化施變易也。說詳後文《四行》454 行校釋。

路人如斬：

帛書整理小組曰："按《論語·微子》'柳下惠爲士師'，皇侃疏：'柳
下惠，展禽也。士師，獄官也。'路人讀爲累人，指繫囚。"

案：路讀爲絡，縛也。《楚辭·招魂》："鄭綿絡些。"王《注》："絡，
縛也。"絡累（亦作纍、縲）一聲之轉，《廣雅·釋器》："縲，繯絡也。"
如，從也，隨也。《左傳·宣公十二年》："有律以如己也。"杜《注》：
"如，從也。"《說文·十二下·女部》："如，從隨也。"斬，斷也。
此指審斷決獄，柳下惠爲獄官有直聲。《論語·微子》："柳下惠爲士師，
三黜。人曰：'子未可以去乎？'曰：'直道而事人，焉往而不之黜？
枉道而事人，何如去父母之邦？'"路人如斬，謂累人皆從柳下惠之斷
獄也。

路人如流：

案：流，化也。《廣雅·釋詁》："流，匕也。"匕，古"化"字。《說文·
八上·匕部》："匕，變也。"段玉裁云："今變匕字盡作化，化行而匕
廢矣。"《商君書·錯法》："無私德也，故教流成。"教流即教化也。
蓋柳下惠爲政重德化，《國語·魯語上》載其向往"堯能單均刑法以儀
民"，"湯以寬治民而除其邪"之言，《孟子·萬章下》亦謂"故聞柳下
惠之風者，鄙夫寬，薄夫敦。"路人如流，即謂累人亦從柳下惠之刑德
教化也。

不忘者不忘其所□也：

案：據下文"聞君子道之志耳而知之也"，脫字殆爲"志"也。

聖之結於心也者也：

　　案：前一 "也" 字衍文。

孔子之聞輕者之敨而得夏之盧也：

　　案：出典未詳。今臆說如後：盧爲搏之借字，謂搏拊也，鼓之名。盧、
　搏古韻魚鋒對轉；從盧之字，大部爲來母，亦有爲唇音者，如臚，籀文
　作膚（從肉，盧省聲），然盧與從甫得聲之孽乳字可通，《易·剝卦》："剝
　床以膚。"《釋文》："膚，京本作簠。" 金文常見之詞組 "玄鏐鏞呂"，
　《邾公牼鐘》作 "玄鏐鏞呂"，《吉日壬午劍》作 "玄鏐鎛呂"，皆其證
　也。故以聲類求之，盧與搏亦可得而通也。倘以上古複輔音之說校驗，
　來幫二母通轉，當爲聲母〔pl-〕之痕跡；變與戀皆從䜌得聲，然一讀〔p-〕，
　一讀〔l-〕；剝與錄皆從錄得聲，亦一讀〔p-〕，一讀〔l-〕；皆其例也。
　董同龢云："與古漢語關係最近的台語，現在仍有保持〔pl-〕、或〔kl-〕
　等聲母的。" 故夏之盧即夏之搏，搏謂搏拊。王念孫云："搏拊，或謂
　之拊搏，或謂拊，其實一也。" 拊搏乃滂幫旁鈕，侯鐸旁對轉，故復語
　則爲搏拊、拊搏，單言或曰搏，或曰拊也。《禮記·明堂位》："拊搏玉
　磬。"《注》："拊搏，以韋爲之，充之以糠，形如小鼓，所以節樂。"
　其聲也輕微，正以佚書所謂 "輕者之擊" 相當。據《太平御覽》卷八十
　二引《鬻子》云："禹之治天下也，也五聲聽。門懸鼓、鐘、鐸、磬，
　而置鞀於簨簴曰：'教賓人以道者擊鼓，……'。" 此夏禹以五聲治天
　下，擊鼓聞道之典故。孔子得夏之盧，殆寄其向往有夏，推崇大禹之意。
　佚書則以喻聖者聽，雖輕擊之聲亦得聞天道也。

　　【訂正】敨，1980 年整理本改釋爲 "鼓"。

一、15

　　　·尸（鳲）叴（鳩）在桑，直也。其子一也。尸

（鳲）厹（鳩）二子耳，曰七也，與□也。□□□□□□□□□□□□□□221者義也。言其所以行之義之一心也。能爲一，然笱（後）能爲君子。能爲一者，言能以多□□222；以多爲一也者，言能以夫□爲一也。君子愼其蜀（獨）。愼其蜀（獨）也者，言舍夫五而愼其心之胃（謂）□。□223然笱（後）一。一也者，夫五夫爲□心也，然後德之一也，乃德已。德猶天也，天乃德已。"嬰（燕）嬰（燕）于罪（飛），差224貤（池）其羽。"嬰嬰，與也，言其相送海也。方其化，不在其羽矣。"之子于歸，袁（遠）送于野。詹（瞻）忘（望）弗及，〔泣〕225涕如雨。"能差貤（池）其羽，然笱（後）能至袁（遠），言至也。差貤（池）者，言不在嗺（衰）経，不在嗺（衰）経，然後能□226哀。夫喪正経脩領而哀殺矣，其至，內者之不在外也。是之胃（謂）蜀（獨）。蜀（獨）者也，舍體（體）也。227

其子一也：

案：原詩云："其子七兮"，此謂"一"者，喻鳲鳩有均平若一之德。《毛詩·曹風·鳲鳩·序》："《鳲鳩》刺不一也。在位無君子，用心之不一也。"《集傳》："詩人美君子之用心均平專一。"

尸厹二子耳曰七也與□也：

案：脫字殆爲"一"字。《禽經》（舊題師曠撰）云："鳩生三子，一爲鶚。”是知古人以爲鳲鳩實生二子，言“七”者乃誇飾，泛言其多也，待七若一，足見用心均平專一，故《毛傳》謂“鳲鳩之養其子，朝從上下，莫從下上，平均如一”，又謂“執義一則用心固”。

能爲一者言能以多□□：

案：此與下句爲蟬聯辭格，脫字當補“爲一”二字。

言能以夫□爲一也：

案：據後文 350 行，脫字當補作“五”。

言舍夫五而慎其心之胃□。□然後一：

案：據後文 227 行“獨也者舍體也”，229 行君子爲德“無與終者，言舍其體而獨其心也”文意，此處殆可補作“言舍夫五而慎其心之謂獨。獨然後一”。

一也者夫五夫爲□也也：

案：前一“夫”字前脫“以”字，後一“夫”字衍文。脫字當補爲“一”。兩“也”，字前一“也”爲衍文。此句當爲“一也者，以夫五爲一也”。

【訂正】據 1980 年整理本，前一“也”字當爲“心”字。舊釋誤。

言其相送海也：

案：海。晦也，指荒遠迷茫之也。《荀子·王制》：“北海則有走馬吠焉”《注》：“海，謂荒晦絕遠之地。”

差貤者言不在嗺絰：

帛書整理小組：“嗺借爲衰。衰絰，古之喪服，與平常服裝不同。開領子簡陋，有塊未剪掉的布（古尺六寸長、四寸寬）垂在胸前，叫作衰，用苴麻作帶緒頭，叫作絰。"

案：㗗從崔得聲，崔、衰古音同爲清母微部，故得通借。《論語·子張》云"喪思哀"，又云"喪致乎哀而止"。《禮記·檀弓上》："吾聞諸夫子，與其哀不足而禮有餘也，不若禮不足而哀有餘。"此即發揮其旨，故云不在衰絰。

不在㗗絰也然後能□哀：

案：此句正面申說，下句反面申說，對比辭格，故缺字與下句之"殺"當爲反義詞，殆可補爲"隆"字，"隆哀"與"哀殺"對文見義。《禮記·三年問》謂"三年之喪"爲"加隆焉爾也"，又云"三年之喪，人道之至者也，夫是之謂至隆"，故可云"隆哀"。

夫喪正絰脩領而哀殺矣：

帛書整理小組曰："殺，減、降等。"

案：脩借爲修，修飾也。領，指衰衣之領。殺，省也，減也。《荀子·禮論》："以隆殺爲要。"《注》："殺，減降也。"《周禮·地官·大司徒》："以荒政十有二聚萬民……七日眚禮，八日殺哀。"《注》："眚禮，謂殺吉禮也；殺哀，謂省凶禮。"

一、16

君子之爲善也，有與始有與終。言與其䱜（體）始與其䱜（體）終也。君子之爲德也，有與始，无 [228] □□□□□□□□□其䱜（體）始。无與終者，言舍其䱜（體）而獨其心也。金聲□□□□□ [229] □□□繇（由）德重善也者，有事焉者可以剛柔多鈴爲。故□

□□□□□□□□230也者，忌（己）有弗爲而美者也。雖（唯）有德者然後能金聲而玉辰（振）之。金聲而玉辰（振）之者，動□而□□231井（形）善於外，有德者之□232。

君子之爲德也有與始無□□□……與其體始：

案：此當補爲"君子之爲德也，有與始，無與終。有與始者，言與其體始"。

言舍其體而獨其心也：

案：此處體與心對舉，體即耳目鼻口手足六者，"心之役也"。（參看後316—323 行）孔穎達《禮記注疏》卷一"禮記"疏引鄭序云："禮者，體也。""統於心曰體。"與佚書之意庶近。

有事焉者可以剛柔多鉿爲：

案："鉿"讀爲"洽"，合也，協也。《左傳·昭公二十年》載晏子論"和五聲"，有"剛柔相濟"之說。佚書論有德者金聲玉振，故亦言剛柔協合。

忌有弗爲而美者也：

案：《孟子·離婁下》："人有不爲也，而後可以有爲。"又《盡心下》："人皆有所不爲，達於其所爲，義也。"又云"充實之爲美。"佚書殆指君子德充實於內，雖有弗爲，而善形於外，故美矣。

一、17

·不絲（變）不說（悅）。絲（變）也者，竓（勉）也，仁氣也。絲（變）而後能說（悅）。不說（悅）不慼。說（悅）而後能慼所慼，不 233 慼不親。慼而後能親之。不親不愛。親而後能愛之。不愛不仁。愛而後仁。□234 絲（辯）者而後能說（悅）仁、慼仁、親仁、愛仁，以於親慼亦可。235

不絲不說：

> 帛書整理小組釋文讀"絲"爲"變"，未妥。絲讀爲變，段玉裁謂"變、戀爲古今字"；《說文》云"變，籀文嫡。"變有傾慕之義，《說文·十二下·女部》："變，慕也。"故云"不變不說（悅）"。變又有溫順之義，《說文》："嫡，順也。《詩》曰：婉兮嫡兮。變，籀文嫡"（《毛詩》作"婉兮變兮"。）故後文 248 行謂"遜遜也，能行絲者也"，遜遜，順也，謙恭也。

絲（變）也者，竓（勉）也：

> 帛書整理小組曰："按下文又有'義氣'、'禮氣'，氣與心對言，即氣質、精氣。

> 案：竓爲重言，當從後文 248 行作"竓竓也"。同勉勉。氣與心對言是矣，然體味佚書文意，仁氣、義氣、禮氣皆所謂"中心"而形之於外者也。《禮記·鄉飲酒義》有天地之義氣、仁氣之說，其"義氣"爲"嚴凝之氣"、"尊嚴氣"，其"仁氣"爲"溫厚之氣"、"盛德氣"，可以參看。

絲者而後能說仁：

> 案：帛書整理小組讀絲爲辯，非是，亦當讀爲變。

以於親慼亦可：

案：慼讀爲戚。此處"親戚"爲合成詞，即內外親屬。

一、18

·不直不迣（泄）。直也者直其中心也，義氣也。直而後能迣，迣義者終之者也。弗受 236 於眾人，受之孟賁，未迣也。不迣不果。果也者，言其弗畏也，无小於心□也□237□□□道也者不以小害大，不以輕害重。不間不行。行也者言其所行之□□□238《□□□□□□□□□義也。不袁（遠）不敬。袁（遠）心者也，禮氣也。質近者□弗能□□239□□□敬。不袁（遠）者，動敬心作敬心者也。左靡（麾）而右食之，未得敬□□□240不敬不嚴。嚴猶廠，廠敬之責者也。不嚴不尊，嚴而後忌（己）尊。不尊不共（恭），共（恭）也者，□□□241敬下也。共（恭）而後禮，□有以醴（禮）氣也。不嘍（聰）不明。嘍（聰）也者，聖之臧（藏）於耳者也；□□242者知之臧於目者□。嘍（聰），聖之始也；明，知之始也。故曰不嘍（聰）明則不聖知，聖知必□243嘍（聰）明。聖始天，知始人；聖爲崇，知爲廣。不知不仁。不知所愛則何愛，言244仁之乘，知而行之。不仁不安。仁而能安，天道也。不安不樂。安也者言與245其醴（體）偕安也者也。安而後

能樂。不樂无德。樂也者流膛（體），機然忘寒 246，
忘寒德之至也。樂而後有德。247

不直不迣：

> 帛書整理小組曰：＂迣，度、超逾。＂

> 案：直，正也。《禮記·曲禮上》：＂直而無有。＂《注》：＂直，正也。＂
> 又《左傳·襄公七年》：＂正曲為直。＂迣讀為紲，繫也。《廣雅·釋詁
> 二》：＂紲，繫也。＂

迣義者終之者也：

> 案；終，成也。《國語·周語下》：＂純明則終。＂《注》：＂終，成也。＂
> 此句謂正其心，繫乎義，義則得以成，得以成全也。又《大戴禮記·小
> 辨》云：＂樂義曰終。＂

受之孟賁：

> 帛書整理小組曰：＂孟賁，戰國時勇士。＂

> 案：《孟子·公孫丑上》：＂則夫子過孟賁遠矣。＂趙《注》：＂賁，勇士
> 也。＂《史記·袁盎列傳·索隱》引《屍子》：＂孟賁水行不避蛟龍，陸
> 行不避兕虎。＂《史記·范雎列傳·集解》引許慎曰：＂孟賁，衛人。＂
> 戰國諸子書中屢稱孟賁之勇，《呂氏春秋·必己》載其中河瞋目事，謂 ＂伇
> 船人知其孟賁，無敢直視＂；《韓非子·內儲說上》亦有＂婦人拾蠶，
> 漁者握鱣，利之所在，則忘其所惡，皆為孟賁＂之喻。梁玉繩疑孟賁即
> 秦武王時勇士孟說。佚書指懾于孟賁之勇則受非義之事，此未終義也。

無小於心□也：

> 案：據上文 189 行＂不果不簡，不簡不行＂經文，此處當為說解＂簡＂
> 也，殆可補為＂無小於心，簡也。＂小指小道之流，《論語·子張》：＂雖
> 小道必有可觀者焉，致遠恐泥，是以君子不為也。＂上文 192 行云：＂中

心辯焉而正行之。"辨而不可泥於小道也,《大戴禮記・小辨》云:"辨而不小。夫小辨破言,小言破義,小義破道。道小不通,通道必簡。"簡,大也。《爾雅・釋詁》:"簡,大也。"《論語・公冶長》:"吾堂之小子狂簡。"《集解》:"簡,大也。"

□□□道也者不以小害大:

案:疑當作補作"簡之爲道也者不以小害大"

不間不行:

案:間爲簡之借字,上文 189 行正作簡。《大戴禮記・小辨》:"夫道不簡則不行,不行則不樂。"

行也者言其所行之……義也:

案:此處壞爛甚多,依體例,此處當爲說解 189 行經文"不行不義"和"不義不遠",《禮記・聘義》:"此眾人之所難,而君子行之,謂之有行。有行謂之有義,有義之謂勇敢。故所貴於勇敢者,貴其能以立義也;所貴於立義者,貴其有行也;所貴於有行也,貴其行禮也。"可以借助理解"不行不義,不義不遠"文意。

不袁不敬:

案:後文 265 行有云:"以其外心與人交,遠也。"《禮記・坊記》:"所以示遠也。"《注》:"遠之所以崇敬也。"

袁心也者禮氣也:

案:"遠心"猶言"外心",後文 266 行云:"言此心交遠者也。"

質近者□弗能□□□□□敬:

案:此處當爲說解何爲"不敬",據後文 266 行"遠而莊之,敬敬也",

疑可補作 "質近者而弗能遠而莊之，不敬。" 儒家禮教，質性相近者如父子、親戚間，君子之間，皆示遠以爲敬，如《論語·季氏》 "聞詩，聞禮，又聞君子之遠其子也"，《禮記·哀公問》 "君子興敬爲親，舍敬是遺親也"，《禮記·聘義》 "敬讓也者，君子之所以相接也"，同篇 "君子于其所尊弗敢質，敬之至也"，《注》云 "質謂正自相當。"

左靡而右食之未得□□□：

案：脫爛處可補作 "未得敬心（者）也"。靡讀爲麾，麾本作摩，從手靡聲，麾，招也《左傳·隱公十一年》： "周麾而呼"《注》 "麾，招也。" 此謂以左手招呼他人時，以右 手自食之。

嚴猶廠：

案：(廠與 同)讀爲敢，必行也。《一切經音義》卷十六引《三蒼》： "敢，必行也。"

共也者□□□敬下也：

案：疑當補作 "恭也者在上而敬下也"，與《禮記·中庸》 "在上位不淩下"、《孟子·萬章上》 "用上敬下，尊賢" 同意。

□有體氣也：

案：疑體字筆誤，當作 "禮氣"，正與下文 284 行 "而有愀愀然而敬之者，禮氣也" 相合。

□□□者知之藏於目者□：

案；當補作 "明也者，知之藏於目者也。"

不知不仁：

案：《論語·里仁》： "知者利仁。"

不知所愛則何愛：

案：《孟子·盡心下》："仁者以其所愛及其所不愛。"

帛書整理小組"疑愛字筆誤"，文義俱通，實未誤也。

言仁之乘知而行之：

案：帛書整理小組於"乘"下斷句，恐未安。此句言憑人之理智而行仁者之愛。乘，因也，與《孟子·公孫丑上》"雖有智慧，不如乘勢"之"乘"同義。

仁而能安：

案：《論語·里仁》："仁者安仁。"

安而後能樂：

案：此句與下二句之"樂"，當讀爲禮樂之"樂"，後文 285、286 行言及"禮樂生於仁義"、"五聲之和"之後，復言"樂者言其流膿"、"樂而後有德"，足見所論者爲修身治國之樂。《禮記·樂記》："樂也者，聖人之所樂（音洛）也。"

樂也者流膿：

案：《禮記·樂記》："樂也者，動於內者也。"此言音樂流轉於體。太史公云："音樂者，所以動盪血脈，通流精神，而和正心也。"（《史記·樂書》）正得其旨。

機然忘寒：

帛書整理小組曰："機然，讀爲欣然。"

案：機、欣，韻部微文對轉，其聲見曉旁紐，故可通借。

樂而後有德：

案：《禮記·樂記》："樂者，所以象德也。""樂終而德尊。"

一、19

　　□□□□□□綝。綝也者，竘（勉）竘（勉）也，孫（遜）孫（遜）也，能行綝者也。能行綝者，□□心心□□₂₄₈然筍（後）顏色容貌溫以說（悅），綝也以其中心與人交說（悅）也。□□□□□□□□₂₄₉□是□說（悅）已。人无說（悅）心也者，弗遷於兄弟也。遷於兄弟，感也。言遷其□□₂₅₀於兄弟而能相感也。兄弟不相耐（能）者，非无　所用說（悅）心也，弗遷於兄弟也。感，₂₅₁而信之，親也。言信其□也。搞（剮）而四膛（體），予女（汝）天下弗爲也。搞（剮）如（汝）兄弟，予女（汝）天下₂₅₂，弗悆（迷）也；是信之已。信其□而後能相親。親而築（篤）之，愛也。築（篤）之者厚，厚親₂₅₃而後能相愛也。愛父，其殺愛人，仁也，言愛父而後及人也。愛父而殺其鄰□₂₅₄子，未可胃（謂）仁也。

綝也者竘竘也：

　案：竘竘同勉勉，通亹亹，勉與亹同爲明母，其韻元微旁對轉，《毛詩·大雅·棫樸》"勉勉我王"，《荀子·富國》作"亹亹我王"，是其證也。《禮記·禮器》："君子達亹亹焉。"《疏》："勉勉，勸樂之貌也。"

孫孫也能行繺者也：

> 案：孫孫讀爲遜遜，通恂恂，遜與恂同爲心母字，其韻文眞旁轉，故得通假。《論語・鄉黨》："孔子於鄉黨，恂恂如也。"《劉修碑》云："其於鄉黨，遜遜如也。"恂恂正通遜遜。龍晦教授曰："是恂恂、遜遜均溫恭之貌，與《禮器》疏之釋勉勉爲勸樂之貌相合，三者之釋亦正與佚書下文 249 行"顏色容貌溫以說（悅）"相應。"

遝於兄弟感也：

> 案：參看前 191 行注。親也。

言遝其□□于兄弟而能相感也：

> 案：脫字當補爲"說（悅）心"。

兄弟不相耐者：

> 案："耐"通"能"。《禮記・禮運》："故聖人耐以天下爲一家。"《注》："耐，古能字。"能，親善和睦也。《毛詩・大雅・民勞》："柔遠能邇。"《史記・蕭相國世家》："何素不與曹參相能。"能亦訓爲和睦也。

言信其□也：

> 案：此處與下文"信其□而後能相親"之脫字，疑皆爲"親"字。

搈而四體：

> 帛書整理小組曰："搈讀爲刐，分也。"

> 案：搈讀爲刐，《說文・四下・冎部》："刐，分解也。謂分裂肢體。"而，汝也，第二人稱代詞。《大戴禮記・保傅》："而置屍於此堂。"《注》："而，猶汝矣。"

親而篤之愛也：

案：《論語 · 泰伯》："君子篤於親，則民興於仁。"皇《疏》："篤，厚也。"

愛父其殺愛人仁也：

案：殺，減降也。《禮記 · 祭統》："此之謂親疏之殺也。"《疏》："殺，漸也"。《漢書 · 韋元成傳》："親疏之殺。"《注》"漸降也。"

愛父而殺其親□子未可胃仁也：

案：儒家有 "推恩" 之義，"老吾老以及人之它，幼吾幼以及人之幼。"（《孟子 · 梁惠王》）然推恩愛及他人，亦不能違背尊卑、長幼、親疏、內外有別之禮制。老吾老以及人之老，而不可以敬老之禮推及他人之幼，愛己父而後可以減降其愛推及他人之父輩，而不可推及親家幼輩，故曰 "未可謂仁也"。此段文意，似已發批駁 "仁內義外" 之先聲，參看《孟子 · 告子上》第四、五章。

一、20

· 中心辯焉而正行之，直也。有天下美飲食於此，許（吁）差（嗟）而予之，中心弗悆也。直 256 許（吁）差（嗟）而不□□□許（吁）差（嗟），正行之直。直也而遂之泄，泄也者，遂直者。直者也。唯貴□□ 257 □□□□□泄也。□□□□□弗畏強禦，果也。強禦者，勇力者，胃□□□□□ 258 □□□□□□□□□□□□於心，果果也。不以小道害大道，間（簡）也。間（簡）也者不以小□□ 259 □愛，不以小義害大義也。

見其生也，不食其死也，察親執株（誅），間（簡）也。有大□□₂₆₀大誅之，行也。無罪而殺人，有死弗爲之矣；然而大誅之者，知所以誅人之道而□₂₆₁焉，故胃（謂）之行。貴貴而後尊賢，義也。貴貴者，貴眾貴也。賢賢，長長，親親，爵爵，譔（選）貴₂₆₂者无私焉。其等尊賢，義也。尊賢者，言等賢者也，言譔（選）賢者也，言足諸₂₆₃上位。此非以其貴也，此其義也。貴貴而不尊賢，未可胃（謂）義也。₂₆₄

中心辯焉而正行之直也：

　　案：辯讀爲辨。斷句當同前文192行，宜以“之”字爲讀。

有天下美飲食於此許差而予之中心弗悉也：

　　案：《孟子·告子上》：“一簞食，一豆羹，得之則生，弗得則死；呼爾而與之，行道之人弗受；蹴爾而與之，乞人不屑也。”與此文意接近。又《禮記·檀弓下》：“齊大飢，黔敖爲食于路，以待餓者而食之，有餓者，蒙袂輯履，貿貿然來，黔敖左奉食，右執飲，曰：‘嗟來食！’揚其目而視之，曰：‘予唯不食嗟來之食，以至於斯也。’從而謝焉，終不食而死。曾子聞之曰：‘微與！其嗟也可去，其謝也可食。’”可以參看。許，讀爲呼。二字古音同爲曉母魚部，故得通借。

宜許差而不□□□許差正行之直：

　　案：前一“直”當屬上句讀，“中心弗迷也，直。”補足脫字，殆爲“許（呼）差（嗟）而不受也，去許（呼）差（嗟）正行之，直也”。

直也而遂之迣：

案："也"字當在"直"字前，屬上句讀。此句當讀爲"直而遂之，迣。"遂，成也。《禮記‧月令》："百事乃遂。"《註》："遂，成也。"

間也者不以小□□□愛：

案：此當補作"不以小愛害大愛"。

見其生也不食其死也：

帛書整理小組曰："按 《孟子‧梁惠王上》：'君子之于禽獸也，見其生不忍見其死，聞其聲不忍食其肉。'"案：此言人事，似與《孟子》言禽獸涉。食讀爲飾，掩飾也。"不食其死"，言不掩飾其當死之大罪，而必誅之也。

祭親執株間也：

案：祭，察也，薦也。《太平御覽》卷五百二十四引《尚書大傳》曰："祭之爲言察也，察者主也，至者人事也，人事至然後祭。祭者薦也，薦之爲言在也，在也者在其道也。"祭親，即"立愛自親始"（《禮記‧祭義》），指貴貴、親親、賢賢之人事，務以血緣關係爲樞紐，孟子所謂"未有仁而遺其親者也"（《孟子‧梁惠王上》）。執株（誅），執誅殺之法也。

有大□□大誅之：

案：當補作"有大罪而大誅之"，參看前文 203 行。

知所以誅人之道而□焉：

案：脫字可補爲"誅"。

貴貴而後尊賢義也：

案：《禮記‧祭義》謂"先王之所以治天下者有五"，其二爲"貴貴"，"貴貴，爲其近君也。"《禮記‧喪服四制》："貴貴尊尊，義之大者也。"

參看《孟子·萬章下》："士之尊賢者也，非王公尊賢也。"

【訂正】1980 年整理本作"貴貴其等尊賢"是也。楚簡本同。舊釋誤。

賢賢長長親親爵爵：

案：《論語·學而》："賢賢易色。"《禮記·大學》："君子賢其賢而親其親。"《禮記·喪服小記》："親親、尊尊、長長、男女之有別，人道之大者也。"《荀子·大略》亦云："貴貴、尊尊、賢賢、老老、長長，義之倫也。"爵爵，正爵位之秩次也。《禮記·王制》："任事然後爵之。"《注》："謂正其秩次"。《周禮·天官·大宰》："一曰爵以馭其貴。"

譔貴者無私焉：

帛書整理小組曰："譔，專敬。"

案：譔讀爲選，選貴，於貴胄親舊中選拔人材。《左傳·宣公十二年》："其君之舉也，內姓選於親，外姓選於舊，舉不失德，賞不失勞。"《禮記·儒行》："儒有內稱不辟親，外舉不辟怨"，亦選貴舉賢無私之旨。

其等尊賢義也：

案："其等"猶云"其次"，此即先"貴貴而後尊賢。"

【訂正】注釋亦誤。"其等"猶言"其同"，謂"貴貴"、"尊賢"同列爲治國之大經也。

言等賢者也：

案：等，謂"別其等，正其位"也。《周禮·夏官·司兵》："各辨其物與其等。"《注》："等，謂功沽上下。"《禮記·中庸》："親親之殺，尊賢之等，禮所生也。"

言足諸上位：

案：足，益也。《漢書·五行志》："不待臣言複諂而足。"《注》"足，益也。"足上位，猶今提拔到高位。又，龍晦教授曰："《管子·五行》：
'春辟勿時，苗足本。'《注》：'足猶擁也，春生之苗，當以土壅其本。'
足，培也，擁也。足上位，培養提拔至上位。"

貴貴而不尊賢未可謂義也：

案：《孟子·萬章下》："用下敬上謂之貴貴，用上敬下謂之尊賢。貴貴
尊賢，其義一也。"

一、21

·以其外心與人交，袁（遠）也。外心者，非有
它（他）心也。同之（此）心也，而有胃（謂）外心
也，而有胃（謂）中心。中心□265□諑然者；外心者
也，其罔（願）諑然者也，言之（此）心交袁（遠）
者也。袁（遠）而莊之，敬敬也。□□266□□□□□
□□□□□嚴嚴也者，敬之不解（懈）者，□之舍者
也。是胃（謂）□□□□□□267□□□□□□□□□□
□有從而畏忌之，則无間，何繇（由）至乎才（哉）？
是必尊矣。尊□□268也。言尊而不有□□已事君與師
長者，弗畏（謂）共（恭）矣。故斯（廝）役人之道
□□269共（恭）焉。共（恭）生於尊者□。□□□禮
也。伯者辯也，言其能柏然筍（後）禮也。270

中心□□諑然者：

案；此句有脫誤，比下句論"外心"文例，當爲"中心者，其諑然者也"。

諓讀爲㜝，一作祕，憂貌也。《文選 · 洞簫賦》："憤伊鬱而酷祕。"《注》引《蒼頡篇》云："祕，憂貌。"本書反復中說"無中心之憂則無中心之聖"，故云。

外心者也：

案：此當屬下讀，"也"字衍文。

其𡧗諓然者也：

案：𡧗讀爲顡（願）。願，思也。《爾雅 · 釋詁》："願，思也。諓讀爲廓。廓然，大貌，開闊貌。《禮記 · 檀弓上》："祥而廓然。"《釋文》："廓，開也。"

敬之不解者□之舍也：

案：殆可補作"尊之舍也"。

有從而畏忌之則無間：

案：畏忌，同義複詞。忌，畏也，《禮記 · 中庸》："無所忌憚也。"《釋文》："忌，畏也。"間，代也。《儀禮 · 聘禮》："皮馬相間可也。"《注》："間，代也。"無間，謂尊卑之等，無可更代也。畏忌，言恭簡謹慎。《儀禮 · 士虞禮》："小心畏忌，不惰其身。"《禮記 · 表記》："卑己而尊人，小心而畏義。"

言尊而不有□□己事君與師長者弗胃共矣：

案：己讀忌。此可補爲"言尊而不有以畏忌事君與師長者，弗謂恭矣"。《荀子 · 不苟》有云："君子恭敬繜絀以畏事人。"此"以畏忌事人"之證也。又《論語 · 季氏》："君子有三畏，畏天命，畏大人，畏聖人之言。"以畏忌事君與師長。亦本三畏也。

故斯役人之道□□共焉：

案："人"通"仁"。《禮記·表記》："君子恭儉以求役仁。"《注》：
"役之言爲也。求以事君者，欲成其忠臣之名也。"此殆可補作"故斯
役仁之道也，必恭焉。"

共生於尊者：

案："者"後當有一"也"字。

□□□□禮也：

案：據前 195 行經文"共（恭）而博交，禮也"，又據層遞申說之下文
"伯者辯也"，此句當補爲"共而伯交，禮也。"博、伯古音同，故可
通借，《廣韻·入聲·鐸第十九》"博"字條云："古有博勞，善相馬也。"
博勞即伯樂，此博、伯通借之證也。帛書經、解文句所用字，亦常有前
後抄寫不一者，如 204 行經文"簡之爲言猶賀"，後文 297 行說解則作
"間爲言猶衡"，賀、衡通借也。古義存乎聲，常不拘於形，195 行之"博"
與此段 270 行之"伯"、"柏"一也。

伯者辯也：

案：伯通博，辯通徧（遍）《儀禮·鄉飲酒禮》："眾賓辯有脯醢。"《注》：
"今文辯皆作徧。"博交與徧（遍）交，同爲廣交意。《周易·繫辭下》：
"君子上交不諂，下交不瀆，其知幾乎！"可以發明"博交"之旨。又
《禮記·緇衣》："君子多聞，質而守之；多志，質而親之。"《注》：
"多志，謂博交汎愛人也。"

言其能柏然後禮也：

帛書整理小組曰："柏當爲白，《春秋元命苞》："伯之言白，明白於德。

案：檢覈《古微書》引《春秋元命苞》、《公羊傳·隱公元年·疏》引《春
秋說》，所謂"伯之言白，明白於德"，皆就公、侯、伯、子、男爵位之
義而聲訓之，與佚書文義無涉。柏通伯，《左傳·昭公二十八年》所載伯

封、《舜典》之伯與，于《漢書・古今人表》中皆作柏，是其通用之證也。據上文校釋，柏通伯，亦通博，"能柏然後禮"，謂能恭而博交，然後有禮也。

一、22

・未嘗聞君子道□□□嚖（聰）。同之（此）聞也，獨不色然於君子道，故胃（謂）之不嚖（聰）。未嘗 271 見賢人，胃（謂）之不明。同之（此）見也，獨不色賢人，故胃（謂）之不明。聞君子道而不知其 272 君子道也，胃（謂）人胃（謂）之不聖。聞君子道而不色然，而不知其天之道也，胃（謂）之不聖。見賢 273 人而不知其有惪（德）也，□之不知。見賢人而不色然，不知其所以爲之，故胃（謂）之不知。聞而 274 知之，聖也。聞之而□□，知其天之道也，聖也。見而知之，知也。見而遂知其德□□ 275 □□□□也□□□□也者，繇（由）所見，知所不見也。赤（赫）赤（赫），聖貌也。□□言□□ 276 □□□□□□□□ "〔明明〕在下，赤（赫）赤（赫）在常（上）"，此之胃（謂）也。明者始在下，赤（赫）者始在常（上），□□ 277 □□□胃（謂）聖知也。 278

未學聞君子之道□□□嚖：

案：缺字可補爲"謂之不"。

獨不色然于君子道：

　　帛書整理小組曰："色然，驚駭貌。"

　　案：色，顏面之色。《說文·九上·色部》："色，顏氣也。"色然于君子之道，謂聞道則面有齊莊溫潤之色也。參看《孟子·盡心上》："君子所性，仁義禮智根於心。其生色也，睟然見於面。"《注》："四者根生於心，色見於面。睟然，潤澤之貌也。"又《荀子·大略》："德至者色澤洽。"

□之不知：

　　案：缺字當補作"胃（謂）"。

聞而知之聖也：

　　案：孟子以湯、文王、孔子爲聖人，《孟子·盡心下》："若湯則聞而知之。由湯至文王五百有餘歲，……若文王則聞而知之。由文王至孔子五百有餘歲，……若孔子則聞而知之。"

聞之而□□知其天之道也聖也：

　　案：缺字當補作"色然"。

見而知之知也：

　　案：後一"知"通"智"。《孟子·盡心下》以禹、皋陶、伊尹、太公望、散宜生爲"見而知之"者。

譔所見知所不見也：

　　案：《呂氏春秋·察今》："有道之士，貴以近知遠，以今知古，以所見知所不見。"同于佚書文意。

一、23

　　·聞君子道，嘆（聰）也。同之（此）聞也，獨色然辯於君子道，道者聖之臧（藏）於耳者也。聞□279而知之，聖也。聞之而□知其天之道也，是聖矣。聖人知天之道。道者所道也。知而行280之，義也。知君子之賢□而□然行之，義氣也。行之而時，悳（德）也。時者和也，和也者惠281也。見賢人明也。同□□也，獨色然辯於賢人，明也。明也者，知之臧（藏）於目者。明則見賢282人，賢人而知之，曰：何居？□休烝（臻）此而遂得之，是知也。知而安之，仁也。知君子所道而□283然安之者，仁氣□。□而敬之，禮也。既安之矣，而有秋（愀）秋（愀）然而敬之者，禮氣〔也〕284。□□□□□道□。仁義，禮樂所豫（由）生也，言禮樂之生於仁義，□□□□□285□□□□□□□則樂和者有猷（猶）五聲之和也。樂者，言其流膿（體）也，機然□286□□者悳（德）之至也。樂而後有悳（德），有德而國家與，國家與者，言天下之與仁義也，言其□□287樂也。"文王在尙（上），於昭于天"，此之胃（謂）也，言大悳（德）備成矣。

288

聞之而□知其天之道也

案；；"而"字而下殆奪"色然"二字。

道者所道也：

　　案：後一"道"通"導"。《釋名·釋言語》："道，導也，所以導通萬物也。"《淮南子·繆稱訓》："道者，物之所導也。"

知君子之賢□而□然行之：

　　案；；據後文 290 行，此當補作"知君子之賢者而俶然行之"。

行之而時德也：

　　案：《賈子·道術》："施行得理謂之德。"時，中也。《毛詩·小雅·賓之初筵》："以奏爾時。"《傳》："時，中者也。"《孟子·萬章下》："孔子聖之時者也。"《韓詩外傳·三》作"聖人之中者也"。

和也者惠也：

　　案：惠，順也。《爾雅·釋言》："惠，順也。"順，循也。《釋名·釋言語》："順，循也。循其理也。"佚書謂行天之道而中，中則和，和者順天之道也。

曰何居：

　　帛整理小組曰："何居即何故，齊魯之間方言。"案：《禮記·檀弓上》："檀弓曰："何居？我未之前聞也。"《注》："居讀爲姬姓之姬，齊魯之間語助也。"

□休烝此而遂得也：

　　案：缺字疑當爲"見"。《爾雅·釋詁》："休，美也。"烝讀爲徵，徵烝古音同在蒸部，端章準雙紐，故得通假。《尚書·洪範》："曰休徵。"《傳》："敘美行之驗。"謂言美之兆也。佚書指在賢人處見美善之兆，是智也。

【訂正】缺字 1980 年整理本作"孰"。

知君子所道而□、然安之者仁氣□：

案：據後文 289 行，前一缺字當補爲"諰（惡）"。"氣"字後奪"也"字。

□而敬之禮也：

案：據上文 199 行，缺字當補爲"安"。

而有秋秋然而敬之者禮氣□：

帛整理小組曰："秋即愀，容色變。"

案："秋秋然"同"愀然"，變色貌也。《禮記·哀公問》："孔子愀然作色而對。"《注》："愀然，變動貌也。作，猶變也。"《史記·司馬相如傳》："愀然改容。"《索隱》引郭璞曰："愀然，變色貌。""氣"後脫"也"字。

則樂和者有猷五聲之和也：

案："有猷（猶）"同"有如"。猶，如也。《呂氏春秋·慎行》："且自以爲猶宋也。"《注》："猶，如也。"

機然□□□者德之至也：

案：據前文 246、247 行，當補作"機然忘寒，忘寒者德之至也"。

言其□□樂也：

案：審上下文意，殆可補爲"言其與禮樂也"。

言大德備成：

案：備，盡也。《禮記·檀弓上》："士備入。"鄭玄《注》："備，猶盡也。"《禮記·祭統》云:"備者,百順之名也。無所不順之爲備。"
"大德備成",謂有大德者受命之於天也。參看《禮記·中庸》:"《詩》
曰:'嘉樂君子,憲憲令德。宜民宜人,受祿於天。保佑命之,自天申
之。'故大德者必命。子曰:'無憂者,其唯文王乎!'"

一、24

·見而知之,知也。見者□也;知者,言繇(由)
所見知所不見也。知而安之,仁也。知君子所道 289
而謨然。

見者□也:

　　案:據後文 327 行,疑缺字爲"目"。

知君子所道而謨然:

　　案:參看上文 265、266 行校釋。謨讀爲惡,憂貌。

一、25

·安之者□氣也。安而行之,義也。既安之矣,
而俴然行之,義氣也。行而敬 290 之,禮也。既行之矣,
□秋(愀)秋(愀)然敬之者,禮氣也。所安、所行、
所敬,人道也。仁知,禮之所 291 繇(由)生也。言禮
□生於仁義□。四行之所和。言和仁義也。和則同,

和者有□□₂₉₂聲之和也。同者□約也，與心若一也，言舍夫四也，而四者同於善心也。同□□₂₉₃之至也。同則□，□□行之大，大者人行之□□者也。世子曰：“人有恆道，達□□□₂₉₄□□□□也，間（簡）則行矣。”不匿，不辯於道。匿者，言人行小而軫者也。小而實大□□₂₉₅□也。世子曰：“知軫之爲軫也，斯公然得矣。軫者多矣。”公然者，心道也。有小罪而赦₂₉₆之，匿也。有大罪而弗□誅，不行也。有小罪而弗赦，不辨於道也。間（簡）爲言猶衡也，大而₂₉₇炭者直之也。不周□四者，不辨於道也。有大罪而大誅之，間（簡）。匿爲言猶匿，匿小而軫者。直之也。間（簡），義之方也；匿，仁之方也。言仁義之用心之所以異也。義之盡間（簡）₂₉₉也，仁之盡匿。大□加大者大仁，加仁小者。故義取間（簡）而仁取匿。《詩》員（云）：“不勮不□₃₀₀，不剛不柔”，此之胃（謂）也。勮者強也，詇者急也，非強之也，弗急之也，非剛之也，非柔之□，₃₀₁言夫不爭焉也。此之胃（謂）者，言仁義之和也。₃₀₂

安之者□氣也：

案：據前文 284 行，脫字當爲“仁”。

既安之矣而儵然行之義氣也：

案：儵（殺），通蓋，速行貌也。《莊子·馬蹄》：“蹩躠爲仁，踶跂爲義。”

《釋文》："蠽,向崔本作殺,音同。"《集韻·入聲·十七薛》:"蠽、
殺:蠽蠽,旋行貌。或作殺,亦書作蠽。"旋行,速行也。《漢書·董仲
舒傳》:"此皆可使還至而有效者也。"《注》:"還讀曰旋,旋,速也。"

□秋秋然敬之者:

案:脫字可補"而"。愀愀然,變色貌也。《禮記·哀公問》:"孔子愀
然作色。"《注》:"愀然,變動貌也。"

仁知禮之所繇生也:

案:據202行經文校改,當爲"仁義,禮知之所繇生也。"

言禮□生於仁義□:

案:此處論四行之所和,當補作"言禮知生於仁義也"。

和者有□□聲之和也:

案:缺字當補"猶四",以四聲之和喻四行和也。四聲之和雖遜於五聲
之和,然古樂當有之。近年在殷代姝辛墓出土久五枚一組編鐘,經測定可構成
四聲音階序列(《中國音樂史略》第 12 頁)。《宋史·樂志》所載燕樂,亦宮、
商、角、羽四聲,凡二十八調也。

同者□約也:

案:殆可補爲"同者,守約也。"《孟子·公孫丑上》:"孟施舍之守氣
又不如曾子之守約也。"焦循《正義》曰:"約之訓爲要,於眾道之中
得其大,是得其要也。"《孟子·盡心下》:"守約而施博者,善道也。"
《注》:"守約施博。約守仁義,大可以施德於天下也。""正心守仁,
皆在胸臆。"是知"同"、"守約"者,其要旨在同於心而守仁也。

與心者一也:

案：《國語・周語中》："和同可觀。"《注》："以可去否曰和，一心不二曰同。"

同□□之至也同則□：

案：據 202 行、326 行，殆可補爲"同者，仁之至也。同則善。"

世子曰：

帛書整理小組曰："按《漢書・藝文志》儒家類：'《世子》二十一篇，名碩，陳人也，七十子之弟子。'《論衡・本性》：'周人世碩，以爲人性有善惡，作《養書》一篇。'此所引蓋其遺文。"

案：《世子》一書久佚。《論衡・本性》："周人世碩，以爲人性有善有惡，舉人之善性，養而致之則善長；性惡，養而致之則惡長。如此，則性各有陰陽，善惡在所養焉。故世子作《養書》一篇。宓子賤、漆雕開、公孫尼子之徒，亦論情性，與世子相出入，皆言性有善有惡。"又《春秋繁露・俞序》亦載世子之言云："功及子孫，光輝百世；聖王之道，莫美於恕。"（顏師古曰："恕，仁也，恕己之心，以度於物。"）《俞序》篇著力闡明《春秋》"緣人性，赦小過"之義理，"始言大惡弑君亡國，終言赦小過，是亦始於粗糲，終於精微，教化流行，德澤大洽，天下之人，人有士君子之行而少過矣。"其旨正與佚書"有大罪而大誅之"、"有小罪而赦之"相吻合。

匿者言人行小而軫者也：

案："言"下當有一"匿"字，蒙上而省矣。

軫讀爲眕同賑。《集韻・上聲・十六軫》："賑，《說文》：富也。或作眕。"從㐱之孳乳字群中，亦有富集、多、密之義者，如㐱（鬒），稠髮也；疹，有結聚可診見也；眕，重也；沴，水積而不行也；駗，馬載難行也。由此推之，軫借爲眕，有富集、多之義也，正與世子之說相合。又佚書屢以"大而炭（罕）"與"小而軫"對舉，大與小反義詞，罕與軫亦當爲反義詞，罕者稀少也，由此亦證軫（殄）者多也。"矣"當作"也"。

間爲言猶衡也：

案：參看上文 204 行，當作"簡之爲言也猶賀（加）"。賀借爲加，增也，益也，此處指對大罪者加重刑罰，即"大罪而大誅之"。

大而炭者直之也：

帛書整理小組曰："炭疑借爲岸，高也。"

案：此處當從上文 204 行，作"大而罕者"。炭從屵聲，屵從厰，厂亦聲。厂與罕古音同爲曉母元部，故得通借。罕，稀也，少也。《集解》："罕者稀也。"又，此句句例應與"匿小而軫者直之也"相同，"大"字前脫"賀（加）"字。

不同□四者：

案：脫字當補"於"。四者指簡、匿、剛、柔。

大□加大者大仁加仁小者：

案：脫字當補作"罪"。"加仁小者"爲省略句，然句式殘缺，疑當爲"小罪赦之加仁小者"。

非柔之□：

案；；脫字當補"也"。

言夫不爭焉也：

案：《論語·衛靈公》："君子矜而不爭，群而不黨。"《荀子·不苟》："君子寬而不慢，廉而不劌，辯而不爭。"《韓詩外傳·三》引"不競不絿，不剛不柔"凡兩見，一曰"言當之爲貴也"，一曰"中庸和通之謂也"，此即"不爭"之義乎。

【訂正】1980 年整理本作“言無所稱也”。

一、26

　　□□□□□。□□者，猶造之也，猶具之也。大成也者，金聲玉辰（振）之也。唯金聲□□□303□□然後忌（己）仁而以人仁，忌（己）義而以人義。大成至矣，神耳矣！人以爲弗可爲□304林諓（由）至焉耳而不然。能進之爲君子，弗能進，各止於其里，能進端，能終端305，則爲君子耳矣。弗能進，各各止於其里。不莊尤割（害）人，仁之理也；不受許（吁）差（嗟）者306，義之理也。弗能進也，則各止於其里耳矣。終（充）其不莊尤割（害）人之心，而仁復（覆）四海；307終（充）其不受許（吁）差（嗟）之心，而義襄天下。仁復（覆）四海，義襄天下而成。諓（由）其中心行，□308亦君子已！大而炭者，能有取焉。大而炭也者，言義也。能有取焉也者，能行□□309而軨者，能有取焉。小而軨者，言仁也；能有取焉者也，能行之□□□□310□□□□之□□□。衡盧盧也者，言其達於君子道也。能仁義而遂達於□311□□之賢。君子□而舉之，胃（謂）之尊賢。君子知而舉之也者，猶堯之舉舜，□□312之舉伊尹也。舉之也者，成（誠）舉之也。知而弗舉，未可胃（謂）尊賢。君子從而士

（事）之也□，₃₁₃猶顏子、子路之士（事）孔子也。士（事）之者誠士（事）之也。知而弗士（事），未可胃（謂）尊賢也。前，王公之尊₃₁₄賢者也。後，士之尊賢者也。直之也。₃₁₅

□□□□□□者猶造之也猶具之也：

> 帛書整理小組曰：“造，成也。具，備也。”
>
> 案：據上文 206 行，脫字當補爲“君子集大成也”。

大成也者金聲玉辰之也：

> 案：焦循《孟子正義》：“近時通解謂：金，鑄鐘也。聲以宣之於先。玉，特磬也，振以收之於後。條理是節奏次第，金以始此條理，玉以終此條理，所爲集大成也．”帛書 186—187 行以金聲振喻君子之德，“君子之爲德也，有與始也，無與終也，金聲而玉振之，有德者也。”故金聲爲“有與始”，玉振爲“無與終”，蓋磬之聲爲中和之音，儒家古樂觀念所追求之化境。《毛詩·商頌·那》：“既和且平，依我磬聲。”《傳》云：“磬，聲之清者也，以象萬物之成。”陳暘《樂書》云：“先王樂天以保天下，因天球以爲磬，以其爲堂上首樂之器，其聲清澈，有隆而無殺，眾聲所依之者也。商頌曰：‘依我磬聲’，本諸此歟？《呂氏春秋》言“堯命夔鳴球以象上帝之音”。（案：見《呂氏春秋·仲夏紀·古樂》）“玉振”爲神人相和，樂之至也。下文故云“大成至矣，神耳矣”

唯金聲□□□□□：

> 案：脫字當補“而玉振之也”。

人以爲弗可爲□林諑（由）至焉耳而不然：

> 案：脫字疑爲“曷”。焉耳，或作焉爾，語氣詞連用，用於句末。“而”

字疑爲"否"字之誤,此句殆爲"人以爲弗可爲,曷林緣(由)至焉耳?否,不然"。林,聚也、集也。《廣雅·釋詁三》:"林,聚也。"王念孫云:"凡聚與眾義相近。故眾謂之宗,亦謂之林,聚謂之林,亦謂之宗。"此處"林",謂聚而成其大也。

能進端能終端則爲君子耳矣:

案:進,行也。《廣雅·釋詁一》:進,行也。"端,首也。"《禮記·禮運》:"五行之端也。"《疏》:"端,猶首也。"佚書此文指仁、義之端,參看《孟子·公孫丑上》:"惻隱之心,仁之端也。羞惡之心,義之端也。辭讓之心,禮之端也。是非之心,智之端也。人之有是四端也,猶其有四體也。"

不莊尤割人仁之理也:

帛書整理小組曰:"莊借爲藏,尤是恨心。不藏著恨心去害人,這和《孟子·萬章上》講的'不藏怒焉,親愛之而已矣'是一玫的。"

案:莊借爲藏,其說是也。朱駿聲《說文通訓定聲·壯部第十八》:"裝多以藏爲之,藏即莊字。"尤,怨人也。《爾雅·釋言·郭舍人注》:"尤,怨人也。"《孟子·盡心下》:"人能充無欲害人心,而仁不可勝用也。"與此文異而意則同。

不受許差者義之理也:

案:參看前256、257行"有天下美飲食於此""直許差而不"兩文注解。

終其不莊尤割人之心而仁複四海:

案:終,充也。《儀禮·士冠禮》:"廣終幅。"《注》:"終,充也。"《孟子·公孫丑上》論仁義禮智四端,云"凡有四端於我者,知皆擴而充之矣,若火之始然,泉之始達。苟能充之,足以保四海;苟不充之,不足以事父母。"與此文意可互相印證。

而義襄天下：

> 帛書整理小組曰："襄猶囊，包括。"

> 案：襄讀爲揚，謂義名揚於天下。《尚書·皋陶謨》："贊贊襄哉。"《鄭注》："襄之言揚"。《孟子·盡心下》："人能充無受爾汝之實，無所往而不義也。"《注》："既不見輕賤，不爲人所爾汝，能充大而以自行，所主皆可以爲義也。"古之尊長對卑幼者以爾汝相稱，引申爲輕賤之稱。"無受爾汝之實"，與佚書"不受許（呼）差（嗟）"同意，二文可互相印證。

大而炭者能有取焉：

> 案：參看上文 298 行"大而炭者直之也"注解，"大"字前省"加"字。"有取"，謂對大罪者而大誅之，是爲有行，是取義也。參看《禮記·聘義》："人之所難，而君子行之，謂之有行。有行之謂有義，有義之謂勇敢。故所貴於勇敢者，貴其能以立義也。"

□而軫者能有取焉：

> 案：脫字當補"小"。其前亦省"匿"字。"有取"謂行仁之方也，取仁也。

衡盧盧也者：

> 案：參看前文 207 行"索纑纑達於君子道"校釋。

君子□而舉之：

> 案：脫字當補"知"。

猶堯之舉舜：

> 案：指堯禪讓於舜。《孟子·萬章上》："堯以天下與舜"，"昔者堯薦於天而天受之，暴之於民而民受之。"參看《尚書·堯典》、《史記·五

帝本紀》。

□□之舉伊尹也：

案：脫字當補爲“成湯”。《孟子‧萬章上》載有“湯三伇往聘伊尹”事，又云“伊尹相湯以王天下”。參看《史記‧殷本紀》。

猶顏子子路之士孔子也：

案：顏淵、子路乃孔子最忠實門人。《論語‧先進》載，顏淵死，子哭之慟。曰：“回也，視予猶父也。”《史記‧仲尼弟子列傳》載，孔子曰：“自吾得由（案仲由字子路），惡言不聞於耳。”《春秋繁露‧隨本消息》：“顏淵死，子曰：‘天喪予！’子路死，子曰：‘天祝予！’祝，斷也。”

前王公之尊賢者也後士之尊賢者也直之也：

案：前王譬如堯、湯也，後士譬如顏淵、子路也。直，謂能正人之曲。《左傳‧襄公七年》：“正曲爲直。”“直之也”謂以賢者正曲，以賢者爲師。《荀子‧堯問》引中蘬（即仲虺，商湯之左相）之言曰：“諸侯自爲得師者王，得友者霸，得疑者存，自爲謀而莫己若者亡。”馬王堆帛書《黃帝四經‧稱》亦云：“帝者臣，名臣，其實師也。”可以參看。佚書指王公以至士人，皆當以賢者爲師而求正焉，乃尊人之真諦。

一、27

‧耳目鼻口手足六者，心之役也。耳目也者，說（悅）聲色者也；鼻口者，說（悅）犨（臭）味者也；手足者316，說（悅）勞餘者也。心也者，說（悅）仁義者也。之（此）數體（體）者皆有說（悅）也，而六者爲心役，何也？317曰：心貴也，有天下之美聲色。
自此不義，則不聽弗視也。有天下之美舋（臭）味，
□□不義，則弗求弗食也。居而不間尊長者，不義則
弗爲之矣。何□曰：幾不□319□□，小不勝大，賤不
勝貴也才（哉）！故曰：心之役也。耳目鼻口手足六
者，人□□320，□膓（體）之小者也。心，人□□，
人膓（體）之大者也，故曰君也。心曰雖（唯），莫
敢不雖（唯）。心曰雖（唯），□□321鼻口手足音聲
□色皆雖（唯），是莫敢不雖（唯）也。若（諾）亦
然，進亦然，退亦然。心曰深，莫322敢不深；心曰淺，
莫敢不淺。深者甚也，淺者不甚也，深淺有道矣。故
父譸（呼），口□323食則堵（吐）之，手執□則投〔之〕，
雖（唯）而不若（諾），走而不趨，是莫敢不深也。
於兄則不如324是其甚也，是莫敢不淺也。和則同。和
也者，小膓（體）緜（便）緜（便）然不困於〔心〕
也，和於仁義。仁義〔□〕325同者，與心若一也，□
約也，同於仁，仁義心也，同則善耳。326

手足者說徹餘者也：

案：徹借爲敓，後文332行正作“敓”、《說文·十三下·力部》有“敓”
字，徐鉉曰：“今俗作撤。”《廣雅·釋詁一》：“撤，取也。”餘讀爲
蹠。餘、蹠古音魚鐸對轉，喻章旁鈕，故得通借。《呂氏春秋·報更》：
“張儀，魏氏餘子也。”《注》：“大夫庶子爲餘。”此餘（由余得聲）
與蹠（由庶得聲）通借之佐證也。蹠，行也，跳也。《廣雅·釋詁一》：

“蹠，行也。”《釋詁二》：“蹠，跳也。”此句謂手之性好取物，足之性好行、跳也。

□□不義則弗求弗食也：

案：脫字當補爲“自此”。

居而不間尊長者：

案：間，別也。《莊子‧天運》：“食于苟間之田。”《釋文》引司馬注云：“間，分別也。”《禮記‧仲尼燕居》：“若無禮，則手足無所錯，耳目無所加，進退揖讓無所制，是故以之居處，長幼失其別。”可與此文之旨互相發明。

不義則弗爲之矣：

案：此句與上二句文例應相同，爲排比句文，殆爲“自此不義，則弗爲之矣。”帛書抄寫脫“自此”二字。

何□曰幾不□□□：

案：此句爲設問句，自問自答。“何”下當補“居”字。“幾不□□”與“小不勝大”、“賤不勝貴”爲排比句，小大、賤貴反文，故“幾”之相對字亦反義詞，幾者微也，其反文當爲“彰”。此句可補爲“何居？曰：幾不勝彰，小不勝大，賤不勝貴也哉”。

耳目鼻口手足六者人□□：

案：《文選‧四子講德論‧注》引《子思子》：“民以君爲心，君以民爲體，心莊則體修，心肅則體敬。”《意林》引《子思子》：“君子以心導耳目，小人以耳目導心。”《禮記‧緇衣》亦有相同之喻，謂心君體民也。據此，殆可補爲“耳目鼻口手足六者，人之民”。

心人□□：

案：同前。當補爲"心，人之君"。《春秋繁露·身之養重於義》："體莫貴乎心"，亦發明斯旨。

故父諱□□食則堵之手食執□則投之：

帛整理小組曰："堵，止，去。"

案：《禮記·玉藻》云："父命呼，唯而不諾，手執業則投之，食在口則吐之，走而不趨。"今本《玉藻》倒錯極多，編次駁染，然此段爲孔門所傳禮經經文，當無疑也。

和也者小膿（體）絲絲然不困於心也：

案：絲絲然，猶遜遜然也。上文 248 行云："絲也者，勉勉也，遜遜也，能行絲者也。"

【訂正】1980 年整理本"困"作"圉"。

仁義□325 同者與心若一也：

案：缺字殆可補作"所"字。

【訂正】1980 年整理本作"仁義，心。同者，與心若一。"

□約也：

案：缺字殆可補爲"守"。《孟子·公孫丑上》："孟施捨之守氣又不如曾子之守約也。"《孟子·盡心下》："守約而施博者，善道也。" "君子之守，脩其身而天下平。"

一、28

·目而知之，胃（謂）之進之。弗目也，目則知之矣，知之則進耳。目之也者比之也。天監□327□而郘夂（終）雜者也。天之監下也，雜郘焉耳。遁（循）草木之生（性）□而生焉，而□□328□□□禽獸之生（性）則有好惡焉，而无禮義焉。遁（循）人之生（性）則巍然□□□329仁義也。不遁（循）其所以受郘也，遁（循）之則得之矣，是目之已。故目萬物之性而□□330獨有仁義也，進耳。"文王在上，於昭於天"，此之胃（謂）也。文王源耳目之生（性）而知其□331聲色也，源鼻口之生（性）而知其好釁（臭）味也，源手足之生（性）而知其好勞餘也，源□332之生（性）則巍然知其好仁義也。故執之而弗失，親之而弗離，故卓然見於天，暮（期）月□333天下，无它焉，目□。故目人體（體）而知其莫貴於仁義也，進耳。334

目之也者比之也：

> 案：比，方也，比擬也。《呂氏春秋·貴公》："不比無人。"《注》："比，方也。"又《禮記·樂記》："比類以成其行。"《疏》："比，謂擬善類。"

天監□□而郘多雜者也：

> 帛書整理小組曰："監，監臨。雜，集聚。郘，《爾雅·釋詁》：'合也'，《說文》，作俖，人相合，即配偶之義。"

> 案：監，臨下也。與"臨"同義互訓。《說文·八上·臥部》："監，臨下也。""臨，監臨也。"《墨子·天志中》引佚詩："明哲惟天，照臨下土。"《毛詩·小雅·小明》："明明上天，照臨下土。"缺字殆可補爲"下土"。"而郘多雜"，"而"當在"郘"字後。郘當爲敂之借

字,合也。郭璞云:"皆謂對合也。"夂讀爲終,成也。雜,會也,聚也。《國語·楚語》:"古者民神不雜。"《注》:"雜,會也。"《廣雅·釋詁三》:"雜,聚也。""劦而終雜",謂上天監臨下土萬物,以其匹配者對合,而成萬物之聚也。

【訂正】當從 1980 年整理本釋文,作"天監【在】下,有命既雜者也。天之監下也,雜命焉耳。"雜讀爲集。《毛詩·大雅·大明》:"天監在下,有命既集。"傳:"集,就。"

遁草木之生□而生焉而□□□□:

案:此句與後文言禽獸之性、人之性爲層遞關係,"而"字後殆可補作"無好惡焉"。《荀子·王制》;"草木有生而無知,禽獸有知,人有氣有生有知亦且有義,故最爲天下貴也。"論證方式及主旨與此庶近。

□禽獸之生則有好惡焉:

案:"禽"字前缺"遁(循)"字,當補,《禮記·郊特牲》:"無別之義,禽獸之道。"無別即無禮也,《左傳·僖公二十二年》:"無別不可謂禮。"又《禮記·曲禮》:"聖人作,爲禮以教人,使人以有禮,使自別於禽獸。"皆可皆斯旨互相發明。

遁人之生則巍然□□□仁義也:

案:據下文,缺字當補"知其好"三字。

不遁其所以受劦也:

案:"受劦"謂不循好仁義之本性,則斯人將受天作之劦,與禽獸雜合爲伍矣。

【訂正】"受劦"當從 1980 年整理本作"受命"。

故目萬物之生而□□獨有仁義也

案：據 334 行，缺字殆爲 "人體"。

文王源耳目之生而知其□聲音也：

帛書整理小組曰："源當作原，謂尋其本也。"

案：源，原之別體，《漢書·薛宣傳》："原心定罪。"《注》："原，謂尋其本也。" 缺字當補爲 "好"。

源□之生則巍然知其好仁義也：

案：缺字當補爲 "心"。

故卓然見於天：

案：卓然，高遠貌。《毛詩·周頌·天作》。"彼作矣，文王康之。"《箋》傳："文王之道，卓爾與天合其德。"《疏》："卓爾，高遠之稱。"

朞月□天下：

帛書整理小組曰："一周年"。

案："朞" 同 "期。" 期月，或謂一周月，《禮記·中庸》："擇乎中庸而不能期月守也"，即此義；或指一周年，《論語·子路》："苟有用我者，期月而已可也，三年有成。"《疏》："期月，周月也，謂周一年之十二月也"。缺字疑可補作 "取"，取者聚也。期月取天下，殆指周文王積德行義，以周年爲期，年復一年聚合諸侯，遂成 "三分天下有其二" 局面（《論語·泰伯》謂文王 "三分天下有其二，以服事殷。"）。《史記·周本紀》記載文王晚年聚合天下云："明年，伐犬戎。明年，伐密須。明年，敗耆國。殷之祖伊聞之，懼，以告帝紂。曰："不有天命乎？是何能爲！"明年，伐邘·明年，伐崇侯虎。而作豐邑，自歧山而徙都豐。" 正以期年而行也。

【訂正】1980 年整理本作 "箸於天下"。

無它焉目□：

案：缺字當補作“也”。

一、29

辟（譬）而知之，胃（謂）之進之。弗辟（譬）也，辟（譬）則知之矣，知之則進耳。辟（譬）丘之與山也，丘之所以不 335 名山者，不責（積）也。舜有仁，我亦有仁而不如舜之仁，不責（積）也。舜有義，而□□□336□□□□□義，不責（積）也。辟（譬）比之而知吾所以不如舜，進耳。榆（喻）而〔知〕之，胃（謂）之□□337 弗榆（喻）也，榆（喻）則知之〔矣〕，知之則進耳。榆（喻）之也者，自所小好榆（喻）虖（乎）所大好。“荌（窈）芎（窕）〔淑女，寤〕338 昧（寐）求之”，思色也。“求之弗得，唔（寤）昧（寐）思伏”，言其急也。“繇（悠）哉繇（悠）哉，婘（輾）槫（轉）反廁（側）”，言其甚□□□339。如此其甚也，交諸父母之廁（側），爲諸？則有死弗爲之矣。交諸兄弟之廁（側），亦弗爲也。□□340 邦人之廁（側），亦弗爲也。□□父兄，其殺畏人，禮也。繇（由）色榆（喻）於禮，進耳。341

丘之所以不名山者不責也：

案：《說文·八上·丘部》："丘，土之高也。"《爾雅·釋丘》："丘一成爲敦丘（郭璞注：成猶重也。），再成爲陶丘，再成銳上爲融丘，三成爲昆侖丘。"《荀子·勸學》："積土成山，風雨興焉。"

我亦有仁而不如舜之仁不責也：

案：《孟子·告子下》："人皆可以爲堯舜。""夫人豈以不勝爲患哉？爲耳。"《荀子·儒效》："故聖人也者，人之所積也。人積耨耕而爲農夫，積斲削而爲工匠，積反貨而爲商賈，積禮義而爲君子。"又《性惡》篇："聖人者人之所積而致矣。曰：聖可積而致。"皆足以發明斯旨。

舜有義而□□□□□□□□義：

案：缺字當補作"我亦有義不如舜之"。

榆而知之胃之□□：

案：缺字殆爲"進之"。佚書所謂"譬而知之"，是"譬比之"，即比較也，以此與彼、以吾與他人相比較。"喻而知之"，是以比喻、類比而知之也，兩者有此區別。

榆之也者自所小好榆虜所大好：

案：《論語·雍也》："能近取譬，可謂仁之萬也。"

苃芍〔淑女寤〕昧求之：

帛書整理小組曰："按《毛詩·周南·關雎》作"窈窕淑女，寤寐求之。求之不得。寤寐思服，悠哉悠哉，輾轉反側。"

案：佚書引此詩，其說解較毛傳、鄭箋更接近民歌本來面目。

言其甚□□□：

案：缺字疑當補作"若是也"。下文"如此其甚也"，當屬下一句爲讀。

交諸父母之廁：

帛書整理小組曰："交，交合。廁借爲側。"

案：交，性交。《禮記·月令》："虎始交。"《注》："交，猶合也。"廁借爲側，《廣雅·釋言》："側，旁也。"《孟子·告子下》："禮與色孰重？曰：禮重。"

□□邦人之廁：

案：缺字當補"交諸"

□□父兄其殺畏人禮也：

案：此句例與 254 行"愛人，其殺愛人，仁也"相同，缺字當補作"畏其"。畏，敬也。《廣雅·釋詁一》："畏，敬也。"

繇色榆於禮進耳：

案：儒家以"食色，性也"，故以色喻於禮者有之。《論語·子罕》："吾未見好德如好色者也。"又見《衛靈公》篇《禮記·大學》："所謂誠其意者，毋自欺也。如惡惡臭，如好好色，此之謂自謙。"《禮記·祭義》："祀之忠也，如見親之所愛，如欲色然。"皆其證也。

一、30

鏶而知之，天也。鏶也者，齎數也。唯有天德者，然笱（後）鏶而知之。"上帝臨女（汝），毋澄（貳）[342]墊（爾）心。"上帝臨女（汝），□鏶之也；毋澄（貳）墊（爾）心，俱鏶之也。[343]

鐖而知之天也：

帛書整理小組曰："鐖讀爲譏，察也。"

案：鐖讀爲仉《說文·八上·人部》："仉，精謹也。"朱駿聲曰："此譏察之本字，經傳皆以譏爲之。"（《孟子·公孫丑上》："關市譏而不征。"《注》："譏，察也。"又《集韻·平聲·微韻》："深練于事曰仉。"深練謂閱歷多，洞察深也。《漢書·韋賢傳》："昔靡不練"。《注》："練，猶閱歷之。"

鐖也者齎數也：

帛書整理小組曰："齎，持也。"

案："齎，持也。"齎數，謂持天地之數，而明變化，達性命也。《周易·繫辭上》：天數二十有五，地數三十，凡天地之數五十有五，此所以成變化而行鬼神也。""通其變，遂成天下之文文。極其數，遂定天下之象。"又《說卦》："參天兩地而倚數，觀變於陰陽而立卦，發揮於剛柔而生爻，和順于道德而理於義，彰理盡性以至天命。"《漢書·律曆志》："數者，一、十、百、千、萬也，所以算數事物，順性命之理也。"

唯有天德者然後鐖而知之：

案：天德，天生之德之，儒家指誠心守仁行義所臻之化境。上文 224 行云："德猶天也，天乃德也。"《荀子·不苟》："誠心守仁則形，形則神，神則能化矣；誠心行義則理，理則明，明則能變矣；變化代興謂之天德。"《禮記·中庸》："唯天下至誠，爲能經天下之大經，立天下之大本，知天地之化育。……苟不固聰明聖知達天德者，其孰能知之？"正足以闡明佚書旨意。

一、31

天生諸其人，天也。天生諸其人也者，如文王者也。其人它（施）者（諸）人也者，如文王之它（施）者（諸）弘夭、散（散）宜生也[344]。其人它（施）者（諸）人，不得其人不爲法。言所它（施）之者，不得如散（散）宜生、弘夭者也，則□□[345]矣。聞君子道而說（悅）者，好仁者也。道也者，天道也，言好仁者之聞君子道而以之其[346]仁也，故能說（悅）。說（悅）也者□也。聞君子道而威（畏），好義者也。好義者之聞君子道而以之其□□[347]，故能威（畏）。威（畏）也者，刑（形）也。聞道而共（恭），好禮者也。言好禮者之聞君子道而以之其禮[348]也，故能共（恭）。共（恭）者，刑（形）也。聞道而樂，有惪（德）者也。道也者，天道也。言好德者之聞君子[349]道而以夫五也爲一也，□能樂，樂□者和，和者惪（德）也。[350]

天生諸其人也者如文王者也：

案：此發揮《大雅》中《文王》、《大明》二詩文意。

如文王之它者弘夭散宜生也：

案：弘夭即閎夭，與散宜生皆西周開國功臣，同輔文王姬昌，文王爲紂所囚，乃設計以美色重賂，營救文王脫於羑繫；後又佐武王滅商。《尚書·

君奭》："在昔上帝割申勸甯王之德,其集大命於厥躬?惟文王尙克修和
我有夏。亦惟有若虢叔,有若閎夭,有若散宜生,有若泰顚,有若南宮
括。"《墨子·尙賢上》:"文王舉閎夭、泰顚於罝罔之中,授之政,西
土服。"《孟子·盡心下》:"太公望、散宜生則見而知之。"《注》:
"散宜生,文王四臣之一,有文德而爲相。"

則□□矣：

案:此與下文"威也者刑也"、"恭者刑也"句式一律,故缺字當補作
"刑",借爲"形"。

聞君子道而威好義好義者也：

案:"好義"不當爲重文,當刪其一,作"聞君子道而威,好義者也"。

之聞君子道而以之其□□：

案:"之"字前脫"言好義者"四字。句尾缺字當補"義也"。

□能樂：

案:據前245、246行"不安不樂"、"安而後能樂",此當補作"安能
樂"。

【訂正】1980年整理本作"故能樂"。

樂□者和：

案:"樂者爲同,禮者爲異。同則相親,異則相敬。""禮義立則貴賤
等矣,樂文同者則上下和矣。"據此,此句殆可補作"樂同者和"。又,
佚書反覆申說"禮樂生於仁義"。又云"四行之所和,言和仁義也。和
則同,和者如五聲之和也。"又云"仁義心同者,與心若一也。"由此
可知,和同之旨在同於心,心者悅仁義也,故"和同"之要在同於仁也。
《禮記·儒行》:"歌樂者,仁之和也。"亦與斯旨相合。

【訂正】1980 年整理本作"樂也者和"。

和者悳也:

案：佚書上文 173 行："德之行五和謂之德，四行和謂之善。"老子甲
本後第四種佚書，即此卷 452 行云："五行形，德心起。和謂之德，其
要謂之一，其愛謂之天，有之者謂君子，五者一也。"即"和者德也"
之內證。德即五行（仁、義、智、聖）之和（173 行）；以更高層次而言，
如佚書 466 行云："道者、德者、一者、天者、君子者，其閉盈謂之德，
其行謂之說"。《春秋繁露·循天之道》："夫德莫大於和，而道莫正於
中。" "以中和理天下者，其德大盛。"又《威德》篇云："德生於和"，
"不和無德"，亦發明斯旨也歟。

馬王堆漢墓帛書《四行》校箋

四、1

　　· 四行成，善心起。四行刑（形），聖氣作。五行刑（形），德心起。和胃之惪（德），其要胃（謂）之一，其愛胃（謂）451之天，有之者胃（謂）之胃子，五者一也。

四行成善心起：

> 帛書整理小組曰："自此以下另是一篇，綜述道德"五行"之關係，似是本卷後敘，惟後部殘缺太多，文義不明。"

> 案：此篇雖殘甚，然對理解本卷首篇《德行》極爲重要。上文 173 行云："四行和謂之善"。202 行云："仁義禮知之所由生也。四行之所和則同，同則善。"成、和義通。《周禮·地官·調人》："凡有鬥怒者成之。"鄭司農注："成之謂和之也。"

四行刑聖氣作：

> 案：作，起也。《周易·乾》："聖人作而萬物睹。"《釋文》弔馬注："作，起也。"據上文 176 行"五行皆刑於闕內，時行之，謂之君子。"類推，此當指仁義禮知形於內心，則聖氣始得興起。

五行刑德心起：

> 案：上文 224 行云："舍夫五而慎其心之謂□"。又 349 行云："好德

133

者之聞君子道而以夫五爲一也。"

和胃之悳：

案：上文 350 行："和者德也。"

其要胃之一：

案：上文 184 行云："能爲一然後能爲君子。君子慎其獨，言其所以行之義之一心也。"224 行云："慎其獨也者，言舍夫五而慎其心之謂□，□然後一，一也者夫五夫爲□也，然後德之一也。"要者，謂慎獨也。

其愛胃之天：

案：愛，慕也，思也。《論語·憲問》："愛之能勿勞乎？"皇《疏》："愛，慕也。"《孟子·萬章上》："人少則慕父母。"《注》："慕，思慕也。"上文 215 行云："聖之思也輕。思也者思天也。"244 行云："聖始天，知始人。"此殆即《荀子·天論》所謂"大天而思之"。

有之者胃之胃子：

案：帛書整理小組曰，"胃子疑君子之誤。"其說是。

五者一也：

案：此句總結上文，然從 451 行至 452 行，僅述及"德"、"一"、"天"、"君子"四者，疑有脫文。據後文 455 行所列五者推斷，"和謂之德"句前當有"……謂之道"一句，"五者"乃完足。

四、2

·清濁者悳（德）之人，悳（德）者清濁之瀟（淵），

身調而神 452 過，胃（謂）之玄同。

清濁者悳之人：

帛書整理小組曰："人即果實之仁，猶今言核心。"案：訓"人"爲"果仁"之"仁"，其義殊不可通。疑"人"爲"居"字之殘，蓋"居"從"尸"（尸）古聲，而"𡰪"（尸）與"人"一象人在床側臥，一象人側立，字原相同，字形相近，故或因字形殘損而訛。此句當爲"清濁者悳之居"。清濁，指音樂之清聲濁聲。《國語・周語下》："耳之察和也，在清濁之間。"韋昭《注》："清濁，律呂之變。黃鐘爲宮則濁，大呂爲角則清也。"又《太平御覽》卷五百六十五引《國語》："物得其常曰樂，清濁相應曰聲，聲相保曰和。"《禮記・樂記》："倡和清濁，迭相爲經。故樂行而倫清，耳目聰明，血氣和平，移風易俗，天下皆寧。"《荀子・樂論》："樂者所以道樂也，金石絲竹所以道德也。"皆足以發德居於清濁之旨。

悳者清濁之淵：

案：淵，府奧也。《山海經・中山經》："恒遊于睢漳之淵。"《注》："淵，水之府奧也。"《莊子・天地》亦云："夫道淵乎其居也，漻乎其清也。"

身調而神過：

案；；調，和也。《廣雅・釋詁三》："調，和也。"過，越也。《易・大過》《疏》："過，謂過越之過。"身調，謂其身調和得養，即《樂記》所云"氣盛而化神，和順積中，而英華發外"之意。《莊子・刻意》："精神四達而外流"，亦可發明斯旨。

胃之玄同：

案：《老子・德經》："和其光，同其塵，挫其銳而解其紛，是謂玄同。故不可得而親，亦不可得而疏；不可得而利，亦不可得而害；不可得而貴，亦不可得而賤。故爲天下貴。"《淮南子·說山》："是謂玄同"《注》："玄，天也。"該書《原道》注同。

四、3

·聖□踖然者，詥然者，發筆（揮）而盈天下者。聖，天知也。知人 453 道曰知，知天道曰聖。聖者聲也。聖者知，聖之知知天，其事化翟。其胃（謂）之聖者，取諸 454 聲也。知天者有聲，知其不化，知也。化而弗知，悳（德）矣。化而知之，聶也。

聖□踖然者詥然者：

案：缺字殆可補爲"之"。踖讀讀爲諮，《玉篇》："諮，大聲也。" 詥讀爲奕，詥之聲符"夜"，與奕聲符"亦"俱從"亦"得聲，故通。《廣韻·入聲·昔韻》"奕，大也。又輕麗貌"據上文 187 行云："聖之思也輕"，又云："金聲，善也；玉言，聖也"（據前文校釋，"玉言"乃"玉音"之訛。）此句謂得聖氣之君子，有金聲玉振之大樂，又有輕麗之神思也。

發筆而盈天下者：

案：發揮，語出《周易·乾卦·文言傳》："六爻發揮，旁通情也。"孔穎達疏："發謂發越也，揮謂揮散也。"盈，滿也。《淮南子·原道》："沖而徐盈。"《注》："盈，滿也。"《禮記·祭義》："致禮樂之道，而天下塞焉，舉而錯之無難矣。"《注》："塞，充滿也。"又云："禮主其減，樂主其盈。禮減而進，以進爲文；樂盈而反，以反爲文。"可以發明其旨。

聖天知也：

案：知通智。下文之 "聖者知"、 "聖之知" 皆讀爲 "智"， "天智" 爲聖，與 "知人道" 之 "智" 對舉而言，參看上文 244 行 "聖始天，知始人。"

聖者聲也：

案：《白虎通·聖人》： "聖者，通也，道也，聲也。道無所不通，明無所不照，聞聲知情，與天地合德，日月合明，四時合序，鬼神合吉。" 《風俗通義》佚文： "聖者，聲也，通也。言其聞知情，通於天地，條暢萬物，故曰聖。" （據《太平御覽》卷四百零一、《廣韻·去聲·勁韻》轉引）

聖者知：

案：知讀爲智，下文 "聖之知知天" 前一 "知" 亦讀爲 "智"。

其事化翟：

案：化翟通 "化易"。蓋翟與狄通，《禮記·祭統·注》： "翟謂教羽舞者也。" 《疏》： "翟即狄也，古字通用。" 而狄之與易古音通借，《史記·殷本紀："契母曰簡狄。" 《索隱》： "舊本作易，易狄音同，又作逷。《毛詩·魯頌·泮水》： "狄彼東南。" 《箋》： "狄當作剔。" 皆其證也。《荀子·君子》： "政令致明，而化易如神。" 謂變化移易也。《孟子·盡心上》： "君子所過者化，所存者神，上下與天地同流，豈曰小補之哉！" 《盡心下》： "大而化之之謂聖。" 可與 "其事化翟" 之意互相發明。

知其不化知也：

案：其猶 "而" 也。轉折連詞。後一 "知" 讀 "智"。此謂智不如聖，僅知人道不聞天道，故不能化育萬物也。《禮記·中庸》： "可以贊天地之化育，則可以與天地參矣。”“唯天下至誠能爲化。”

化而弗知德也：

案：此句謂有德者化育萬物，而不自以爲知，《老子·德經》：“道生之而德畜之”，“生而不有，爲而不恃，長而不宰，是謂玄德”。又《道經》：“愛民治國，能無爲乎？明白四達，能無知乎？”其旨殆爲此句之所本。《呂氏春秋·君守》：“得道者必靜。靜者無知，知乃無知，乃可言君道也。”亦可發明斯義。

化而知之猋也：

帛書整理小組曰：“《淮南子·人間》：‘愚人之思，猋。’，注：猋，短也。’”

案：此句承上文，從反面申說。假如有德者化育萬而自以爲知，生而有，爲而恃，長而宰，則失其德矣。

四、4

·道者、悳（德）者 455、一者、天者、君子者，其閉盈胃（謂）之悳（德），其行胃（謂）之說，其賢幾之□□□□□ 456 □□□故曰奮然作，其幾至之者也。□□是□□□□□□□□□□□□□□ 457 聖而忘退，悤（聰）明去知，俞已而上□□□見之，則□不用□義，脩之於天下也。恆□ 458 經，經者至衛至青（精），何以能爲□□□執□胃（謂）□□□所□□□□其□□□□□ 459 自爲者□悤（聰）明焉。不可見

者以爲□手足不治□□□□□□□□□□□□□□□460□主
人□度爲者□□□則□□□度爲者□□□□□□□
□□□□□□461□□□□□好者胃（謂）所受□□有
厚泊（薄），其之善同後爲之，後之已高，所登愈高，
462□□□□□其所受，受其有也，□□有之，不可以
求得。463

其閉盈胃之悥：

> 案：閉，謂有德者聞天道而“以夫五爲一’（見上文 350 行），而其心慎
> 獨，不擾於外物，“聖之結於心者也”（見上文 217 行）。參看《呂氏春
> 秋·君守》：“外欲不入謂之閉。”盈，此承上文 453 行“發揮而盈天下”
> 而言，謂有德者仁義充盈，化育萬物也。參看上文 287 行：“有德而國
> 家與，國家與者，言天下之與仁義也。”

聖而忘退：

> 案：《周易·乾卦·文言》云：“知進而不知退，知存而不知亡，知得而
> 不知喪，其惟聖人乎？”

聰明去知：

> 案：此處似用黃老形名之言說解五行。參看《韓非子·主道》：“虛靜以
> 待，令名自命也，事自定也。……是故去智而有明。”

脩之於天下也：

> 案：《老子·德經》云：“修之於身，其德乃真；修之於家，其德乃餘；
> 修之於鄉，其德乃長；修之於邦，其德乃豐；修之於天下，其德乃溥。”

經者至衡至青：

案：馬王堆漢墓帛書《老子》乙本前古佚書《經法·道法》云：“唯執
〔道〕者能上明於天之反，而中達君臣之半，富密察於萬物之所終始，
而弗爲主。故能至素至精，浩彌無形，然後可以爲天下正。”《經法·
論》：“靜則平，平則甯，寧則素，素則精，精則神。至神之極，〔見〕
知不惑。”

其之善同後爲後之已高所登愈高：

案：此數語似有黃老謙虛自守之意。參看《老子·德經》：“江海所以爲
百谷王者，以其善下之，故能爲百谷王。是以欲上民，必以言下之；欲
先民，必以身後之。”又《文子·道德》：“夫欲上人者，必以善言下之；
欲先人者，必以其身後之。天下必效其歡愛，進其仁義，而無苛氣。居
上而民不重，居前而衆不害，天下樂推而不厭。”

帛書《五行》研究札記

一九七三年十二月，湖南長沙馬王堆三號漢墓中出土了一批帛書，約十二萬餘字，包括先秦著作多種，爲研究中國古代思想史提供了大量的新資料。可以預見，帛書將吸引著幾代學者反覆去琢磨，去推敲，去研究消化，在研討中重新思考，不時迸發出思想的火花。在這批古帛書中，有兩種《老子》寫本，甲本字體介於篆隸之間，不避漢高祖劉邦的諱，可能是高祖末年或晚至惠帝和呂后時代抄寫的。甲本卷後有古佚書四篇。從 170 行至 350 行是第一篇，全篇圍繞著君子之道的五種德行進行論述，認爲這五行相合，就能使德行昇華，從"人之道"而臻"天之道"的偉大境界。原抄本無篇名，龐朴先生曾據其主旨，定名爲《五行》。案周秦古書有這樣兩個特點，一是不題撰人，二是其篇名多爲後人所題。原抄本無篇名、撰人，也不足異。王國維曾指出："詩、書及周秦諸子，大抵以二字名篇，此古代書名之通例。"余嘉錫進一步指出，此二字又往往是摘自首句。現在我們所見的第一種佚書雖有殘損，然今存之首句"□□□□胃之德之行"，主旨赫然可見，所以，今題篇名爲《德行》，既與全篇主旨相合，又不違古籍之通例。《老子》甲本後的第四篇古佚書，是從 451 行至 463 行，帛書整理小組認爲"另是一篇，綜述道德‘五行’之關係，似是本卷之後敍。"今摘其首句"四行成，善心起"二字題名爲《四行》。這一篇盡管後部殘缺太多，文義不明，可是尚存的段落與《德行》能互相印證，又能窺見《德行》在古代思想發展史上的軌跡，彌足珍貴。當我們對《德行》進行校讀、研究的時候，不能不將《四行》聯繫起來。

一、《德行》篇的基本思想

《德行》篇的發現，爲我們提供了戰國時代儒家倫理學－哲學的新材料。它展示了一個頗爲完整、嚴密的倫理道德修養的體系，是孔子之後儒家思想的重要發展。

　　"德之行五和胃（謂）之德；四行和胃（謂）之善。善，人道也。德，天道也。"

　　這是《德行》篇開宗明義就提出的一個重要命題。這個命題包含兩個層次：第一個層次是"四行"，即仁、義、禮、知（智），四行之所知就能達到"善"的境界，這只是"人道"；第二個層次是"五行"，仁、義、禮、知、聖，五行之所和意味著超凡入聖，而臻"天道"，這就是儒家倫理學的最高範疇"德"。

　　在"四行"這一組範疇中，"仁"是第一個受重視，並加以強調的道德規範。"仁"的基礎和出發點是對血緣紐帶的繫連，對血緣關係的依依不捨和難解難分。仁者愛人的愛，首先是對血緣紐帶上的親戚之愛。它說：

> 不緣（變）不說（悅）。緣（變）也者，竘（勉）也，仁氣也。緣（變）而後能說（悅）。不說（悅）不感。說（悅）而後能感所感，不感不親。感而後能親之。不親不愛。親而後能愛之。不愛不仁。愛而後仁。□緣（辯）者而後能說（悅）仁、感（感）仁、親仁、愛仁，以於親感亦可。
>
> （233—235 行）

　　春秋末葉以來，宗法奴隸制的瓦解，地主階級政治經濟力量的上升，使宗法奴隸制的血緣紐帶日趨鬆散，"仁"的內涵被替換，只剩下"愛"的外殼。如楚國變法的先驅者白公勝，舊貴族就指責他"愛而不仁"，"愛而不謀長，不仁也"！[1]所以，《德行》篇反複強調"仁"的根本在于維繫血緣紐帶，否則就沒有"孝"、"悌"，宗法制和等級必將在縱、橫兩方面同時斷裂。在社會的劇烈變動中，可能面對四體被支解的酷刑，也可能面對富有天下的至尊至貴，但是親戚血緣之愛不可拋棄：

> 感而信之，親也。言信其□也。搞（剐）而四膛（體），予汝天下，弗為也。搞（剐）汝兄弟，予汝天下，弗悉也；是信之已。信其□而筍（後）

---

[1] 《國語·楚語下》

能相親也。親而築（篤）之，愛也。築（篤）之者厚，厚親而笱（後）能相愛也。（251—254 行）

"仁"這個道德範疇，還強調了對高尚的精神境界的追求。在《德行》篇中，道、天道、君子之道是一個概念，宇宙得最高本體與道德修養的最高境界合而爲一。追求之，就是仁。

知而安之，仁也。知君子所道而□（按：殆可補爲"悳"字）然安之者，仁氣□。（按：脫字當爲"也"。）（283—284 行）

悳然，憂貌也。也就是 173 行至 175 行作者描述得那種"中心之憂"，即發自內心的憂慮、深思和追求。有了這種"中心之聖"，才能達到"中心之說（悅）"，於是有安樂，於是有盛德。

與"仁"密切相關，相輔相成得另一個道德規範是"義"。"義"首先是對實踐君子之道的迅速、果斷、剛毅。"仁"是對君子道的把握和省悟，"義"則是悟知後的實行：

安之者【仁】氣也。安而行之，義也。既安之矣而儆然行之，義氣也。（290 行）

聞君子道而戚，好義者也。（原文"好義"重出衍文，已刪。）（347—348 行）

《德行》篇以"中心"（即內心）與"外心"對舉。"仁"是深結於內心的心理依據和追求，"義"則是表現於外心的行爲規範和準則。

不義不袁（遠）。（189 行）

以其外心與人交，袁（遠）也。外心者，非有它（他）心也。同之（此）心也，而有胃（謂）外心也，而有胃（謂）中心。中心……諓（悳）然者；外心者也，其昌（願）諓（廓）然者也，言之心交袁（遠）者也。袁（遠）而莊之，敬敬也。（265—266 行）

諓（廓）然是一種大而開闊的境界。作爲"外心"的"義"就與"禮自外作"得禮制直接聯繫起來。這就是《德行》篇所說的：

> 行而敬之，禮。（202行）

> 行而敬之，禮也。既行之矣，愀愀然敬之者，禮氣也。（291行）

"義"是執行以血緣宗法爲基礎，以等級爲特徵的所謂禮制的行爲規範和保證。它強調：

> 貴貴而後尊賢，義也。貴貴者貴眾貴也，賢賢、長長、親親、爵爵，誤（選）貴者無私焉，其等尊賢，義也。尊賢者，言等賢者也，言誤（選）賢者也，言足諸上位。此非以其貴也，此其義也。貴貴而不尊賢，未可胃（謂）義也。（262—264行）

戰國時代一開始就是群雄競爭的時代，政治上、經濟上、軍事上激烈競爭，其中關鍵在於人才的競爭，誰能舉賢才，誰就能成爲強者。墨家顯學更是大聲疾呼"尙賢"，對任人唯親的宗法奴隸制造成了猛烈的衝擊，要求"今上舉義不辟貧賤"、"舉義不辟疏"、"舉義不辟遠"，反對"王公大人骨肉之親無故富貴"，只有這樣，那麼"厚乎德行，辨乎言談，博乎道術"的賢良之士才能脫穎而出。[1]而《德行》篇雖然承認必須"尊賢"，但是又堅持"貴貴"其等"尊賢"，顯現出舊觀念在新形勢下的某種尷尬狀態。

"貴貴"與"尊賢"相調和，"誅大罪"與"赦小罪"相調和，說到底，都是《德行》篇"和仁義"這之重要命題的體現。對此，它作了一系列發揮：

"間（簡），義之方也；匿，仁之方也；言仁義之用心所以異也。義之盡間（簡）也，仁之盡匿。"（299—300行）什麼是"簡"？"有大罪而大誅之，間（簡）。"（289行）"不以小道害大道，間（簡）也"（259行）"簡"的前提是"果"，"不果不簡"（189行）。"不畏強圉，果也。"（193行）。這就是"義"必須完全做到的行爲規範。

什麼是"匿"？"匿爲言也猶匿，匿小而軫者，直之也。"（298—299行）作

---

[1] 《墨子·尙賢上》

者利用了語詞的多義性，匿是憐愛，匿又是隱暱。出於憐，必須盡力隱匿親戚們犯下的那些"小而軫"，即不大而又屢犯屢見不鮮的"小罪"，"有小罪而赦之，匿也。"這就是"公然"，這就是"心道"。（296 行）"仁"必須盡心達到這一行爲規範。

《德行》篇進一步用當時哲學家偏愛的範疇"剛"和"柔"，對"仁"與"義"相輔相成加以闡述：

> 不勮不〔詠〕，不剛不柔，此之胃（謂）也。勮者強也，詠者急也，非強之也，非急之也，非剛之也，非柔之〔也〕，言无 所稱焉也。此之胃（謂）者，言仁義之和也。（300—302 行）

所謂"不爭剛不柔"，無非是希望"仁"、"義"兩個行爲規範的協調分工，在現實世界中達到一種適中的"善"的境界。因此這就是"人之道"的關鍵：

> 四行之所和，言和仁義也。（292 行）

"四行"爲仁、義、禮、知（智），最核心即在於"仁義"，有了仁義，才有禮、知（智），才有禮樂。作者指出：

> 仁義，禮、知（智）之所由生也。（202 行）

> 仁義，禮樂之所由生也，言禮樂之生於仁義。（285 行）

"四行成，善心起。"（450 行）《德行》篇關於"善"的理論不是抽象的。恩格斯曾經批評康德的倫理學，"康德只談'善良意志'，哪怕這個善良意志毫無效果他也心安理得，他把這個善心意志的實現以及它與個人的需要和欲望之間的協調都推到彼岸世界。"[1]中國的儒家則具有強烈的實踐（用）理性，"善，人道也"，所謂"仁義之和"，所謂"義之盡簡，仁之盡匿"，是禮樂治國破產，戰國時代進入"刑政之治"的特定產物。[2]"擅飾禮樂"的儒家各派，爲了

---

[1] 《馬克思恩格斯全集》第 3 卷，第 211—212 頁。
[2] "刑政之治"的提法，《墨子》、《樂記》均有。

適應 "刑政之治" 而對 "仁學" 進行了新的闡釋，"義之盡簡" 是對地主階級以 "刑政" 爲特點的政治經濟體制的承認，"仁之盡匿" 則是在新體制下維護宗法貴族利益的理論依據，"仁義之和" 可以說是反映了向地主階級轉化的那一部份奴隸主貴族的願望、情緒和利益。

僅僅做到適應，那是不夠的。《德行》篇還渴望這種 "仁義之和" 作爲君子的內在修養而擴充，而發揚：

> 仁復（覆）四海，義襄天下而成。繇（由）其中心行，□亦君子已。（308—309 行）

這樣的君子要能 "集大成"，"金聲玉振"，"然後忌（已）仁而以人仁，忌（己）義而以人義，大成至矣，神耳矣。" 因此，就提出了一個從 "四行和" 進到 "五行和"，從 "人道" 上升到 "天道" 的任務。"能進之爲君子，弗能進，各止于其里。能進端，能終端，則爲君子矣。"（303—306 行）

《德行》篇把 "四行" 中的 "智" 同 "五行" 中的 "聖" 作爲一對範疇。兩者有高下之別，天人之分：

> 明明，知（智）也。赫赫，聖。'明明在下，赫赫在上'，此之胃（謂）也。（197—198 行）

> 聖始天，知（智）始人。聖爲崇，知（智）爲廣。（243—244 行）

在《四行》篇中，更直截了當地概括爲 "知人道曰知（智），知天道曰聖。" 然而兩者獲得的途徑、認識的途徑不同：

> 見而知之，知（智）也。聞而知之，聖也。（197 行）

作爲把握 "人道" 的智，是切實的、具體的，表現爲直觀和效法。"見賢人，明也。同□□（補爲 "五聞"）也，獨色然辨於賢人，明也。明也者，知（智）之臧（藏）於目者。"（282 行）"智" 又表現爲人的邏輯推理、認識能力和理性判斷，"知（智）者，言繇（由）所見知所不見也。"（289 行）歸結爲對賢人之德的效法，所以，"見賢人而不知其有德也，胃（謂）之不知（智）。"

（196—197 行）

作爲把握"天道"的"聖"，則是輕盈的、抽象的，表現爲某種超凡的聽覺，以及對天之道亦即君子之道的了解、實行：

> 聖之思也輕，輕則刑（形），刑（形）則不忘，不忘則悤（聰），悤（聰）則聞君子道，聞君子道則玉言，玉言則□□聖。（183—184 行）

> 聖之思也輕，思也者思天也，輕者尚（上）矣。（215 行）

> 不忘者不忘其所□也，聖之結于心也者也。不忘則悤（聰），悤（聰）者聖之藏于耳者也。（217 行）

> 悤（聰）則聞君子道，道也者天道也，聞君子道之志耳而知之也。（218 行）

這種超凡的聽覺，"結于心"，"藏于耳"，對天道"志耳而知之"，多少帶有神秘的意味，它高於能夠"由所見知所不見"的"智"，高於推理並完成推理知識的理智能力，通過它卻能使人認識到莫測高深的天道。所謂"聖"，好像是可以直接掌握宇宙精神實質的直覺。

不可否認，這種"聖"的範疇中，帶有巫術、原始宗教殘留的氣息。《國語·楚語下》："民之精爽不攜貳者，而又能齊肅衷正，其智能上下比義，其聖能光遠宣朗，其明能光照之，其聰能聽徹之，如是則神明降之，在男曰覡，在女曰巫。"所不同的是，《德行》篇中的聖者、聰者不再是巫覡，也不是用音樂使神人交通的樂瞽，而是受人尊敬、文質彬彬的君子了。

《德行》篇不僅給儒家的倫理學—哲學塗上了一層準宗教的色彩，而且將先驗的道德本體論揉進了仁學體系。無論是"智"，還是"聖"，都來自內心之仁，亦即"中心之憂"，《德行》篇一開始就指出"君子毋【中心之】憂則無中心之（智）"，"無中心之憂則無中心之聖"，所以，"不仁不知（智）"（177 行），"不仁不聖"（180 行）。因爲人心的本性是好仁義的：

> 心也者，悅仁義者也。（317 行）

> 耳目鼻口手足六者，心之役也。（316 行）

> 而六者為心役何【也】？曰：心貴也。（317 行）

> 心，人□□，人體（體）之大者也，故曰：君也。（321 行）

在這裡，"心"成為道德本體，人的道德自覺都取決於"心"。孔子以"克己復禮為仁，"[1] "非禮勿視，非禮勿聽，非禮勿言，非禮勿動"，[2] 外在的禮制是人們倫理道德的最高規範和準則。而在《德行》篇裡，"心"替代了"禮"的位置，是先驗的道德本體和行為主宰，有至高至尊的位置：

> 和也者，小體（體）便便然不困于心也。（325 行）

> 無與終者，言舍其體（體）而獨其心也。（229 行）

"仁義之和"的根本，就是與心若一，與仁義之心同一。"和于仁義，仁義□同者，與心若一也。□約也，同于仁，仁義心也，同則善耳。"（325—326 行）仁義禮智"四行"之和，歸根結底，就是"與心者一也。言舍夫四也，而四者同于善心也。"（293 行）而仁義禮智聖"五行"之所和也是與心若一，而且結于"心"以更獨特尊崇的地位：

> 以多為一也者，言能以夫五為一也。君子慎其蜀（獨），慎其蜀（獨）也者，言舍夫五而慎其心之胃（謂）□。□然後一。一也者夫五夫，（當作"以夫五"）為一也，然後德之一也。（223—224 行）（按：缺字可補為"獨"，說詳校釋。）

五行相合為一，形于內心。慎獨其心，就達到君子的標準："五行皆刑（形）於闕內，時行之，胃（謂）之君子。"（176 行）"好德者之聞君子道而以夫五為一也。"（349—350 行）。通過內在的修養成為君子，這就是"內聖"。

《德行》篇希望通過"內聖"達到"外王"，明顯地表現為兩點：其一是希望通過"內聖"，使以"刑政"的特徵的封建政治經濟變革帶上一點溫和的、有人情味的色彩，除了刑罰之外亦應重視德化，就如著名的聖者柳下惠那

---

[1] 《論語·顏淵》。
[2] 《論語·顏淵》。

樣，"輕思於翟，路人如斬"（215—216行）。"聖之思也輕"，表現為重感化易移，才能使刑政有效施行。其二是希望通過"內聖"達到"五行和"，"五行和"就會猶如"五聲之和"（286 行），"樂而後有德，有德而國家與，國家與者，言天下之與仁義也言其□□樂也。'文王在尚（上），于昭【于】天'，此之胃（謂）也，言大悳（德）備成矣。"（288 行）這不是機械地重彈禮樂治國的前朝曲，而是從倫理學—哲學的角度，幻想社會的大變動平穩一些、協調一些，有如一部莊諧的雅樂，讓奴隸制和平過渡為風建制度，同時也為新的統治階級準備了"天命在身"、"天道在握"的理論依據。

戰國後期，《莊子·天下》篇的作者曾感嘆："內聖外王之道，闇而不明，鬱而不發，天下之人各為其所欲焉以自為方。"[1]《德行》篇的理論和思想，在社會變革和百家爭鳴中逐漸被淹沒。《德行》在今天重現于世，展示了"內聖外王之道"的真實面貌。

二、《德行》在儒家思想史上的位置

為了弄清楚《德行》篇在儒家思想史上的位置，讓我們先考察儒家思想體系進入戰國後的演變。《韓非子·顯學》記載，"孔、墨之後，儒分為八，墨離為三，取舍相反不同，而皆自謂真孔、墨，孔、墨不可復生，將誰使定世之學乎？"一個具有巨大影響的學派或一種思潮，當其代表人物去世後，門人、弟子、追隨者出現分化，或分為幾派，或棄其學而改說，古今中外都多次出現過這種情況。不管他們"取舍相反不同"到何種程度，總不能離開它所屬時代的社會現實生活和精神生活，隨著時代的變遷和演進，這種思想，那種哲學，總是要受到改造。其次，"顯學"一經產生和確立之後，與歷史傳統相結合，往往有自己相對的獨立性，對民族文化心理積澱起了重大作用的孔學也是這樣。孔子的第二、三代七十子及其後學，必須從孔子奠定的仁學結構基礎出發，只能以新的歷史條件和新的時代精神對舊有學說加以改造的形式，才能使這種顯

---

[1] 《天下》篇的作者很推崇儒家。

學生存和發展。

七十子及其後學對儒家思想的改造和發展，又是在百家爭鳴中進行的。"況乎百家橫義，錯互其間，以擊以守，相盪相激，有所辯必有所懲，有所變必有所困，闡開既宏，波瀾壯闊，雖其始源于涓涓之水，而始末之間，語其深廣，奚止倍蓰！"[1]儒家思想體系，"以懲于墨家，而後脫落于陳言；以困于道家，而後推致于精眇。"[2]百家爭鳴促進了儒家學派的演變。

墨家學派以小生產者的現實功利觀，清醒地看到"今者王公大人，爲政于國家者，皆欲國家之富，人民之衆，刑政之治"，對儒家仁義禮樂治國進行了一系列強有力的批判。[3]這樣，七十子及其後學不能不從"刑政之治"的現實出發，對儒家加以改造。而道家學派則以其深刻而玄妙的思辨，從宇宙觀到倫理學，處處有其機智、透辟的辨證法光芒，使儒家的倫理學——哲學顯得單薄、蒼白而無力，無法回答道家對社會變革、對仁義禮樂的批判和嘲諷。這樣，七十子及其後學在抱著人間的倫理學時，不得不仰望天道，去思索以往一直避而不談的宇宙觀、本體論。

孔子死後，儒家各派在兩個方面改造和改造了儒家思想體系。第一個方面，將以"克己復禮"、"禮樂治國"爲宗旨的仁學，逐漸改變爲禮樂刑政並重的新仁學。《論語·爲政》記載，孔子曾明確指出：

> 道之以政，齊之以刑，民免而無恥。道之以德，齊之以孔，民有恥且格。

到孔子之孫子思想那裡，就已經對此動搖了。子思曾經有疑問："伋聞天子之詔，正俗化民之政，莫善于禮樂也。管子任法以治齊，而天下稱仁焉。是法與禮樂異用而同功也，何必但禮樂哉？"[4]

儒家八派之一的公孫尼子，可能是孔子直傳弟子，他就直接以禮樂刑政並

---

[1] 《蒙文通文集·儒家哲學思想之發展》，第 67 頁，巴蜀書社，1987。
[2] 《蒙文通文集·儒家哲學思想之發展》，第 67 頁，巴蜀書社，1987。
[3] 《墨子·尚賢上》。
[4] 《孔叢子·記問》。蒙文通教授指出，"《孔叢子》述子思言行，每與他書徵《子思子》相合，明有斯據。"（見《蒙文通文集》第 233 頁）不能以漢人篡輯而否定其史料價值，蒙說是也。

稱了。見之于《樂記》：

> 禮以道其志，樂以和其聲，政以一其行，刑以防其奸。樂禮刑政，其極一也。
>
> 禮樂刑政，四達而不悖，則王道備矣。
>
> 刑禁暴，爵舉賢，則政均矣。仁以愛之，義以正之，如此則民治行矣。

總之，儒家的二、三代或者明確無誤宣言，或者含而不露躬行，大都將自己的思想逐漸轉到爲新的封建政治體制服務的軌道上來。這是戰國前期儒家各派的共同趨勢。《德行》篇雖然著重是討論內在的德行修養問題，沒有專門論述治國平天下之道，但是，從它著眼于刑罰誅赦的角度，對“仁”、“義”的行爲規範增添內容來看，從它承認“貴貴其等尊賢”，而不是“惟親惟舊”老眼光來看，《德行》篇的作者也向刑政之治的格局下轉變；另一方面，從全篇對“文王在上”，對“樂而後有德”的反複詠嘆來看，作者是屬於緩進型的轉變者。在儒家各派得轉變中，有急有緩是正常的。子貢、子夏及其弟子李克等人是爲新興封建統治者服務的先行者，曾子、子思一批人就緩進一些，而後者的特點是注重個人修養內省。《德行》篇的作者，近於後一種儒者。

順便指出，過去一些思想史著述往往給人留下這樣的印象：那些講求注重修養內省的儒者，大多偏於落後、保守，甚至反對社會變革。其實不盡然。社會變革的時代潮流，具有改變大多數人思想觀念的力量，其形式主要不是思想交鋒、論爭，而是歷史進程中一種水滴石穿，潛移默化的作用。這種作用對那些真正注重內省的剛正之士，影響尤不可忽視。例如子思，往往說他“蒙蔽現實”，“企圖消除社會社會矛盾”、“調和折中”；蒙文通先生就發現儒家八派之一的子思氏之儒，有濃厚的法家思想，“儒之兼取法家，莫著于此。”[1]

晁公武《郡齋讀書志》卷三引《子思子》云：

> 孟軻問牧民之道何先？子思曰：“先利之。”孟軻曰：“君子之教民，亦仁義而已，何必曰利。”子思曰：“仁義者，固所以利之也。上不仁

[1] 《蒙文通文集·儒家法夏法殷義附錄》，第233頁。

　　則下不得其所，上不義則下樂為詐。此為不義大矣。故《易》曰：'利
　　者，義之知也。'又曰：'利用安身，以崇德也。'此皆利之大者也。"

　　　（此文亦見于《孔叢子·雜訓》）

　　蒙文通先生認為，"《孟子》斥言利，而子思氏之儒飾爲此言，以明利與
義調和而不相背。當亦法家者流之意也。"[1]法家思想進入了儒家的一大流派，
這表明了這些儒者面對現實，向爲封建制服務轉化。《德行》篇強調"仁義之所
和"，與子思氏之儒引述的"利者，義之和"其實質是一致的，義之和就是仁
義之和，"仁之與義，相反而相成也。"通過承認刑政之治下的"義"，維護
和保留正在轉化中的舊貴族的利益。《德行》篇裡不是也透露出少許"法家者流
之意"嗎？

　　更有一個頗具意味的事實，通常被人們所忽略：一個膾炙人口的法家論點，
有儒家的淵源。《後漢書·袁紹傳·注》引《慎子》曰："兔走于街，百人追之，
貪人具存，人莫之非者，以兔爲未定分也。積兔滿市，過不能顧，非不欲兔也，
雖鄙不爭。"引文之後，李賢緊接著指出"《子思子》、《商君書》並載。"按
《商君書》所載，見于其《定分》篇，據高亨先生考證，此篇之作，至早也在
商鞅死後三十年。慎到在齊宣王時游于稷下，其說亦爲晚出。因而，"定分"
說，看來最早應出於《子思子》。"定分"說以後發展爲法家的經典性論述，其
核心是要求用法律確認和保護新興封建制帶來的財產和權力的再分配。所以應
當承認，將儒家爲奴隸制世卿世祿服務的等級名分觀念，逐漸轉變爲維護新興
地主階級財產私有權的學說，正是子思氏之儒和《德行》篇作者這樣一批儒者
作出的歷史貢獻。

　　儒家各派對仁學思想體系改造和發展的第二方面，是紛紛打破沉默，探討
孔夫子未曾深究的心性問題和天道觀。據《論語·公冶長》記載，"子貢曰：
'夫子之文章，可得而聞也。夫子之言性與天道，不可得而聞也。'"既無師
承，於是各抒己見。《論衡·本性篇》說：

　　周人世碩，以為人性有善有惡，舉人之善性，養而致之則善長；性惡，

---

[1] 同上，第 2344 頁。

養而致之則惡長。如此，則性各有陰陽，善惡在所養焉。故世子作《養
書》一篇。密子賤、漆雕開、公孫尼子之徒，亦論情性，與世子相出入，
皆言性有善有惡。

戰國前期儒家各派的人性論，多已亡佚。現在可以約略考見的只有公孫尼
子、子思的觀點。

公孫尼子認為："人生而靜，天之性也。感于物而動，性之欲也。物至知
知，然後好惡形焉。好惡無節於內，無節於外，不能反躬，天理滅矣。夫物之
感人無窮，而人之好惡無節，則是物至而人化物也。人化物也者，滅天理而窮
人欲者也。"他把情與性區別開來，性可善而情未必善，"民有血氣心知之性，
而無哀樂喜怒之常，應感物而動，然後心術形焉"。所以，公孫尼子提出了"治
心"和"養氣"的理論。"致樂以治心則易直子諒之心油然生矣"，"心中斯
須不和不樂，而鄙詐之心入之矣"。[1]他認為"心者眾智之要，物皆求於心"[2]，
通過"養氣"達到內心"中和"，這就是"君子道"。

子思子的觀點與公孫尼子接近，他也認為人性本來是安靜的，"夫水之性
清，而土壤汨之。人之性安，而嗜欲亂之。故能有天下者，必無以天下為也。
能有名譽者，必無以名譽為者也。達此則其利心外矣。"[3]子思子也非常重視正
心的問題，"君子以心導耳目，小人以耳目導心"，[4]又說"能勝其心，于勝人
乎何有？不能勝其心，如勝人何？"[5]子思的心性論，很明顯吸取了《老子》的
營養，然而落實到儒家的治國平天下，他強調"百心不可得一人，一心可得百
人"，[6]"民以君為心，君以民為體，心莊則體修，心肅則體敬也"。[7]子思氏之
儒後來把子思心性說進一步與天道論結合，發展為"天命之謂性，率性之謂道，
修道之謂教"的著名命題，在中國哲學史上產生了深遠的影響。

---

[1] 見《禮記·樂記》。近人徐復觀否定沈約"樂記取公孫尼子"之記載，案徐說偏執，不可以。
[2] 《太平御覽》卷 376 引《公孫尼子》。
[3] 據《孔叢子·抗志》引。
[4] 《意林》引《子思子》。
[5] 《中論·修本》引子思之言。
[6] 《太平御覽》卷 376 引《子思子》。
[7] 《文選·四子講德論·注》引《子思子》。

　　《德行》篇的心性觀點與子思頗爲接近。子思"以心導耳目"的論點，在《德行》篇則相應有"耳目鼻口手足六者心之役也。而六者爲心役何【也】？曰：心貴也"（316□317 行）的議論。"心，人□□（可補爲"之君"二字），人體之大者也，故曰：君也。"（327行）心君體民之喻，顯然出于子思子。結合對"聖"的追求，《德行》更強調心的獨尊至貴，"君子之爲德也" "無以終者，言舍其體而獨其心也"（228□229行）。因爲心是"說（悅）仁義者也"（317行）"源【心】之性則巍然知其好仁義也"（323行）。而且這是人與禽獸的根本區別，禽獸之性"有好惡焉，而無禮義焉"。（329行）"萬物之性"中只有人"獨有仁義"，"目人體而知其莫貴于仁義也"（334行）。因此，具備德行的根本途徑就是"積"，積累仁義，還是"不積"，成爲舜與凡人之別。《德行》反複強調"聞天道"，"思天"直至把德行的最高典范周文王歸結爲"天生"而就，"天生諸其人，天也"（344行）。天生聖人，聖人又施之於人，於是仁義滿天下。至此，《德行》已經把心性與天命結合起來，只不過還沒有概括爲一切句話，"天命之謂性"而已。

　　綜上所述，《德行》篇在儒家思想發展史上占有承前啓後的位置。它的德行理論具有進入"刑政之治"後的社會背景，同時著手把倫理學與天道觀聯繫起來，這都表現出戰國前期儒家者流的思潮特色。它的心性學說與子思子有血緣關係，而又發展了子思、公孫尼子人性生而安靜的觀點，把世子、公孫尼子"性無善惡"的命題，改爲萬物之性中惟人心好仁義的命題，從而提出了"心貴慎其獨"的理論。的"慎獨"，有自己的確切含義。"獨"是指在人體耳、目、鼻、口、手、足、心數者之間，只有心之性好仁義，故"心貴"，心爲人體之"君"，所以要"舍其體而獨其心"。"慎"通"順"，"慎獨"即"順獨"，"從命利君謂之順"是臣道的基本準則。[1]因此，"慎獨"就是強調"心之役"，實行仁義。這樣"慎獨"說，明顯不同於戰國後期的儒者宣稱的"君子戒慎乎所不賭，恐懼乎其所不聞，莫見乎隱，莫顯乎微，故君子慎其獨"。[2]後者盛讚鬼神，把德行修養引向一個神秘的過程，誠惶誠恐，謹小慎微地步入一個準宗教的境界。因此，有理由認爲：《德行》篇是戰國前期子思氏之儒的作品。

---

[1] 見《荀子·臣道》、《說苑·臣術》。

[2] 《禮記·中庸》某些命題源于子思，成書則爲戰國晚期儒者。筆者傾向崔述，馮友蘭之說。

　　《德行》篇與今本《孟子》有很多可以互相印證之處，校釋和研究《德行》篇，離不開《孟子》。但是，《德行》篇不是孟子後學所作，也不宜籠統視爲思孟學派之作。《德行》篇大概成書早於孟子，這不僅因爲在韓非著書之時，還將子思氏之儒與孟氏之儒分爲兩大派，更因爲從思想史發展的進程來分析，《德行》與《孟子》比較，兩者有前後之分、粗精之別、理論思維低級階段與高級階段的不同。

　　孟子生活的時代，封建制已經在各國確立，“秦用商君，富國強兵；楚魏用吳起，戰勝弱敵；齊威王、宣王用孫子、田忌之徒，諸侯東面朝齊”，[1]歷史在激烈的兼並戰爭中向封建的大一統艱難邁進。孟子面臨的已遠遠不是承認“刑政之治”的問題，他力圖爲如何走向大一統提出完整的方案，這提供理論根據。從以下幾個方面，我們可以看到《孟子》與《德行》的若干不同：

　　一、孟子把戰國以來儒家各派對心性問題的探討，推向了倫理絕對主義的性善論。他認爲，“人心之善也，猶水之就下也，人無有不善，水不有不下。”[2]因此，他一定要把倫理學中的主要行爲規範都說成是普遍的、不可抗拒的，生來就有，存在于感性心理之中，“仁義禮智根于心，其生色也，睟然見于面，盎于背，施於四體，四點不言而喻”。[3]而《德行》僅僅作出“心也者，悅仁義者也”的判斷，“心作爲主體而“悅”、“好”仁義，普遍的道德理性與感性心理還保持有一定的距離。在孟子那裡，先驗的道德本體竟與感覺、身體、生命直接連聯繫，與人的感性心理混同爲一了。孟子認爲，“惻隱之心，仁也；羞惡之心，義也；恭敬之心，禮也；是非之心，智也。仁義禮智，非由外鑠我也，我固有之也，弗思耳矣”。[4]《德行》曾經用“中心”（即內心）與“外心”，試圖區分“仁”與“義”的不同含義，“仁”是深結于內心的親親之愛、血源紐帶的心禮依據，“義”則是“以其外心與人交”、實行“禮自外作”的儀禮、禮制。而孟子將仁義禮智統統歸結于內心，批評“仁內義外”的觀點，爲儒家的倫理學提出了一條內向歸縮路線。

---

[1] 《史記·孟軻列傳》。

[2] 《孟子·告子上》。

[3] 《孟子·盡心上》。

[4] 《孟子·告子上》。

二、孟子將"理"、"義"範疇引入了儒家的心性說，"心之所同然者何也？謂理、義也。聖人先得我心之所同然耳。故理義之悅我心，猶芻豢之悅我口"。[1]戴震指出："六經、孔、孟之言以及傳記群籍，理字不多見。" "舉理，以見心能區分；舉義，以見心能裁斷。分之，各有其不易之則，名曰理；如斯而宣，名曰義。是故明理者，明其區分也；精義者，精其裁斷也。"[2]《德行》篇沒有"理、義"之言，孟子以"理義"說心性，這就把宇宙、人世的普遍法則（理），同個人必須具備的行爲規範和道德準則（義）聯繫起來，把先驗道德本體的普遍性與經驗世界中個人的情感溝通起來。孟子提出了倫理實踐中的理性支配問題，是對中國哲學思想發展的一大貢獻。而《德行》篇在心性問題上，大力闡明了"以多爲一"、"與心爲一"，提出"人體以心爲貴"的觀點，這就爲孟子等人進而提出理性範疇作了準備。古希臘哲學史證明，在研究人的"感覺"之後，會次第提出"心靈"、"理性"的問題；隨著多與一、個別與一般、現象與本質諸對範疇的發展，感性與理性這對範疇就會提出來，並得到充份的重視和研究。孟子的"理、義"比《德行》的"心悅仁義"遠爲深刻，這符合思想史進程中的內在邏輯。

三、《德行》篇的"五行"與"天"有重要聯繫，"聖人知天道。知而行之，聖也"。"聖之思也輕。思之者思天也"。"鑯而知之，天也。鑯也者，齋數也。唯有天德者，然後鑯而知之"這是"天人合一"在倫理學—哲學上的早期表現。孟子本著"天不言，以行與事示之而已矣"的觀念，[3]將"天"更緊密地與道德本體同一，更先驗化和神秘化。他認爲"莫之爲而爲者，天也；莫之致而至者，命也。"[4]《德行》篇只講"思天"是不夠的，孟子大力強調"思誠"。他說："誠身有道，不明乎善，不誠其身矣。是故誠者，天之道也；思誠者，人之道也。至誠而不動者，未之有也；不誠，未有能動者也。"[5]"誠"本來就是一個道德規範，即言與行一致、言論與事實一致。孟子以"誠"爲天道，並

---

[1] 《孟子·告子上》。
[2] 《孟子字義疏證》卷上。
[3] 《孟子·萬章上》。
[4] 《孟子·萬章上》。
[5] 《孟子·離婁上》。

不是簡單肯定天象的變化是前後一致的、有規律性的（孟子在世時，梁人石申在天文學上取得輝煌成就）。他把"天"賦予道德本體的意義，使之客觀品德化，"思誠"就是把"天"當作人性自覺的來源和歸宿，通過主觀的道德修養，實現天人感應，"誠之而動"。這樣"誠"的觀念、"思誠"的含義，都是《德行》篇所未曾有的，其濃厚的準宗教氣息，則發展爲漢代的神學唯心主義。

四、與《德行》篇更爲不同的是，孟子把"性"與"命"作爲一對範疇引進仁學，形成了一個空前的先驗道德本體論體系。《孟子·盡心下》"口之於味也，目之於色也，耳之於聲也，鼻之於臭也，四肢之於安佚也，性也；有命焉，君子不謂性也。"儒家本來是承認飲食男女等要求是出於人的天性，孟子卻在這裡認定生活的享受和要求決定于天命，實質上這是對封建生產關係確立後財產權力再分配的現實予以默認，得之有命，求無益于得，於是有"養心寡欲"、"安貧樂道"的主張。他又說："仁之于父子也，義之于君臣也，禮之于賓主也，知之于賢者也，聖人（朱熹說，或作"聖"）之于天道也，命也；有性焉，君子不謂命也。"儒家本來一貫以君臣、父子等倫理關係爲天經地義之事，其命在天，不可違背。孟子在這裡強調仁、義、禮、智、聖"五行"都是出自自己內在的先驗的善性，實際上這就是力圖把封建社會的倫理關係變成每個人的自覺要求。在"性"與"命"這對範疇中，"命"有特別的作用、以"命"限制個人飲食男女安佚這一類物質需求的天性，孟子把公孫尼子、子思關於人性生而安靜，要防止物化人欲的觀點推到了極端，此其一；以"命"去擴充、突出個人內在的先驗善性，外作的"道德限制"變爲內在的自覺性和主動性，此其二。如果說，前者還未擺脫"死生有命，富貴在天"的陳言，那麼，後者則把性善論置于其整個先驗道德論的核心地位，宿命、命運都要爲之改容，退避三舍。《德行》篇只言及人性好仁義，沒有觸及"命"，相比之下，孟子在先驗的倫理學—哲學之路上已經把許多先行者遠遠拋在後面。

孟子不愧爲全面發展了儒家思想體系的"亞聖"，從這個角度，也可以發現《孟子》與《德行》的差別：

——孔子歷來"主忠信"，《德行》篇未予足夠的重視並繼承之，而孟子的

倫理學極端強調 "修其孝悌忠信"[1]，以 "仁義忠信" 爲 "天爵"，"修其天爵，而人爵從之"。[2] "信" 成爲性善論的重要內涵："可欲之謂善，有諸己之謂信，充實之謂美"。[3]

——《德行》篇說："金聲而玉振之，有德者也"，"君子集大成，能進之爲君子，不能進，各止于其里"，"集大成" 是五行形于胸中的君子們的共同特徵。而孟子則以此爲孔子所獨有，"孔子，聖之時者也。孔子之謂集大成。集大成也者，今聲而玉振之也"。[4] 從而獨尊孔子，以至大成至聖先師的顯赫地位，適應了儒家向準宗教發展的需要。

——《德行》篇詠嘆的君子形象，雍容大度，有道德領袖的自信心和自然感，一如《論語》所云 "爲政以德，譬如北辰，居其所而眾星拱之"。這是戰國前期的貴族尚有相當的社會地位和勢力的反映。而孟子則極端強調和擴大個體人格的能動性、獨立性、歷史與道德的責任感，一改孔子 "畏大人"、[5] "與上大夫言，誾誾如也"[6] 爲 "說大人則藐之，勿視其巍巍然"。[7] 這不僅是因爲他和子思一樣，政治上多次受挫，主張不被諸侯採納，而產生並強化了 "傲世" 之心，"自高自貴"，[8] 而且更主要因爲 "世移世異"，對封建時代個體人格地位有所提高，有益于孟子高揚道德人格主體性。孟子一掃 "偷儒憚事，無廉恥而耆飲食" 的腐儒氣，他的倫理哲學陶冶了卓立獨行，爲正義而獻身的志士仁人。《德行》篇所贊歎的那種爲 "仁" 而 "傲然行之" 的 "義氣"，那種 "不受許（吁）差（嗟）之心" 的剛直品格，在孟子那裡得到了充分的、淋漓盡致的發展。

哲學思想發展的歷史與哲學思想發展的規律總是一致的，與概念、範疇的

---

[1] 《孟子·梁惠王上》。

[2] 《孟子·告子上》。

[3] 《孟子·盡心下》。

[4] 《孟子·盡心下》。

[5] 《論語·季氏》。

[6] 《論語·鄉黨》。

[7] 《孟子·盡心下》。

[8] 參看《孔叢子居衛》曾子謂子思 "有傲世之心"，又《公儀》篇有類似記載。

發生、發展、演變的歷史也是一致的，黑格爾曾指出：“我認爲哲學體系在歷史中的次序同觀念的邏輯規定在推演中的次序是一樣的。我認爲，如果從出現在哲學史中的各個體系的基本概念身上清除掉屬于其外在形式、屬於其局部應用範圍等等的東西，那麼就會得出觀念自身在其邏輯概念中的規定的不同階段。”[1]觀念的邏輯次序當然不會先於世界存在，但黑格爾的方法是可取的。通過分析比較戰國時代儒學倫理學—哲學的發展演變，顯現出公孫尼子和子思、《德行》篇作者、孟子所分別代表的三個發展階段，孟子的性善論、理義說、性命說、養氣說集發展之大成，而《德行》篇的思想則是這一個發展過程中一個重要的中間環節。

從子思開始，儒家的倫理學—哲學通過追求理性，誇大理性的途徑向先驗論發展。這種發展與同一時期的古希臘哲學有某些相似之處。赫拉克利特曾認爲，“看不見的和諧比看得見的和諧更好” “這是返回自身的和諧，如弓和豎琴中的情形那樣”，[2]而這 “看不見的和諧”只有用理性思維才能把握，所以只有用思想 “武裝起來”，才能 “理智地說話”。[3]儒家盛稱的禮樂，本是一種感性與理性、政治與道德的和諧。當《德行》篇　詠嘆 “聖”與 “聰”，說 “聰者，聖之藏于耳者也”、 “聰”者得聞天道時，這種頗爲神秘的聽覺，所追求的已經是一種看不見的和諧了。在保存了《子思子》不少內容的《淮南子·繆稱》篇中更認爲 “有聲之聲，不過百里；無聲之聲，施于四海”。子思子及其後學對 “聖”、 “聰”、 “無聲之聲”的追求，是對理性的高度追求，標誌著儒家哲學思維的重要發展。不過，這種追求都內向地歸結于心，“心之精神是謂聖，推數究理不以疑。周其所察，聖人難諸”。[4]伴隨而來的則是貶低感性認識和社會實踐。思孟學派與古希臘最偉大的道德哲學泰斗蘇格拉底，更有驚人的相似。蘇格拉底畢生研究和追求的是人類自身應有的善的理念、是人的美德。他 “決不同法律和道德制度衝突，他倒是這一種人：努力證明法律、道德制度

---

[1] 《哲學史演講錄》第一卷。轉引自《列寧全集》第 38 卷，第 271－272 頁。

[2] 《古希臘羅馬哲學》第 23、29 頁。三聯書店，1957。

[3] 同上。

[4] 《孔叢子·記問》。

的合理性，從而證明法律、道德制度有要求得到普遍有效性權利"。[1]戰國以來，從子思到孟子、到秦漢之際的儒者，他們的倫理學說走的也是一條適應封建政治經濟大變革的現實，不與新的"刑政之治"相衝突的道路，並且努力讓舊瓶裝新酒，建立新時代的道德規範，這也是兩千年來思孟學派影響深遠的始因。蘇格拉底在追求智識和善的過程中，極端誇大理性的作用。他說："如果我以眼睛看著事物或試想靠感官的幫助來了解它們，我的靈魂完全變瞎了。我想我還是求援于心靈世界，並且到那裡尋找存在的真理好些。"[2]從子思的正心工夫，到《德行》的"聖之結于心"、到孟子的"萬物皆備于我"，正是一步比一步更深入地"求援于心靈的世界"。如果說，蘇格拉底用自己的哲學表現了這個時代的變動和希臘人自我反省的精神需要，[3]那麼思孟學派同樣是戰國時代社會大變動的反映，盡管他們不可避免地走向了唯心主義的先驗論，但決不是平庸的沒落者的無謂掙扎和無聊空想，而是表現了一個背著沉重的歷史負擔和傳統壓力的偉大民族在歷史變革時期的反思和探索。《德行》的發現，促使我們再一次去反思中國思想史所經歷的這一段重要歷程。

三、思孟五行說的再思想

帛書《德行》篇對"仁、義、禮、智"四行、"仁、義、禮、智、聖"五行的集中議論，吸引著人們再一次去思考中國古代思想史一個人言言殊，莫衷一是的問題，這就是荀子激烈批評的思孟五行說究竟所指為何？

《荀子·非十二子》說：

> 略法先王而不知其統，猶然而材劇志大，聞見雜博。案往舊造說，謂之五行，甚僻違而無類，幽隱而無說，閉約而無解。案飾其辭而祇敬之曰：

---

[1] 文德爾班：《哲學史教程》上卷，第 114 頁，商務印書館，1987。

[2] 《古希臘羅馬哲學》，第 175 頁。

[3] 參看楊適《哲學的童年》，第 426 頁。中國社會科學出版社，1987。

"此真先君子之言也。"子思唱之，孟軻和之，世俗之溝猶瞀儒嚾嚾然不知其所非也，遂受而傳之，以為仲尼、子游為茲厚于後世。是則子思、孟軻之罪也。

漢唐至今，學者們對思孟五行的解釋和探索，龐朴先生曾有比較完整的綜述：[1]

1．楊倞注《荀子》，認為"五行－五常，仁義禮智信也。"

2．楊倞之說殆本于鄭玄。鄭玄注《樂記》"道五常之行"句云："五常，五行也。"鄭玄注《中庸》時，就用了"木神則仁，金神則義，火神則禮，水神則信，土神則智"的話來暗示子思的五行說。

3．章太炎認為，思孟五行說還不簡單地就是："五常"，而且更有"以水火土比父母於子"的"五倫"含義；承"《鴻範》九疇舉五行傳人事"的未彰之義，下啓"燕齊怪迂之士"的神奇之說。

4．梁啓超認為，思孟五行或者是指君臣、父子等"五倫"，或者是指仁義等"五常"，總之"絕非如後世之五行說"。

5．劉節、顧頡剛從根本上否定了思孟與五行說的關係，宣傳五行說的鄒衍，不是孟軻。荀子錯怪，是歷史性的大誤會。

6．范文瀾認為，《孟子》有氣運終始觀的痕跡，"原始的五行說，經孟子推闡，已經栩栩欲活；接著鄒衍大鼓吹起來，成了正式的神化五行。"

7．郭沫若認為思孟所造成的五行說是"仁義禮智誠"，"思孟書中雖然沒有金木水火土的五行字面，而五行系統的演化確實是存在著的。"

馬王堆漢墓帛書整理公佈之後，龐朴先生第一個撰文《馬王堆帛書解開了思孟五行說之謎》，指出"現在有了馬王堆帛書，我們可以而且應該理直氣壯地宣佈：'聖人之於天道也'一句中的'人'字，是衍文，應予削去；原句為'聖之於天道也'。孟軻在這裡所談的，正是'仁義禮智聖'這'五行'。"其功甚偉，的確是"學術史上的一件大事"。遺憾的是，龐朴先生的發現，未

---

[1] 《馬王堆帛書解開了思孟五行說之謎》，《文物》1977 年第 10 期。

得到足夠的重視和肯定。

青年學者何新在《論五行說的來源》一文中，則認爲"周人對於'五'數的這種崇拜，應是五行觀念的來源之一。《荀子·非十二子》譏子思、孟軻曰：'按往舊造說，謂之五行。'楊倞注：'五行，五常。仁義禮智信也。'此所謂'往舊之說'，舊解紛紜。而參之以上說，實當指此由來已久之五數崇拜觀念也。" "思孟據古代五數崇拜的神秘觀念構建五常學說；荀子是一位反對迷信者，對于思孟向原始宗教觀念所作的這種妥協，自然不能不有所譏焉。"[1]

根據帛書《德行》篇，思孟五行說是指"仁義禮智聖"這"五行"，應當是確定無疑的了。而思孟"案往舊"的具體情況，還需要進一步聯繫歷史文化背景加以考索。《德行》篇從兩個方面給予我們重要的啓發：

其一是論及"五行之所和"、"四行之所和"都是以音樂爲喻，或曰"有猶五聲之和也"（286行），或曰"和者有【猶四】聲之和也"（292行）。這就是提示我們，應該從音樂與德行方面去思考。

其二是將德行與數相聯繫，"鐵而知之，天也。鐵也者齎數也。唯有天德者，然後鐵而知之。"（342行）這又提示我們，還需從德行與數術方面去思考。

思孟"案往舊造說"，看來比何新所說的周人尙"五"的原始宗教更爲古老陳舊，可以上溯到產生于氏族社會晚期的數術觀念。這種觀念是雜糅天文、曆算、原始宗教、巫術儀式、部落管理、音樂舞蹈等內容而形成的一種精神形態。[2]不足爲異，這正是氏族部落首領職能的反映。他們既是氏族部落之長，又是領導生產、使部落繁衍生存的總指揮，還是原始宗教的大巫師和精神領袖。《說苑·辨物》云："夫天文地理人情之效存于心，則聖智之府。是故古者聖王既臨天下，必變四時，定律曆，考天文，揆時變，以望氣氛。故堯曰：'咨爾舜，天之歷數在爾躬，允執其中，四海困窮，天祿永終。'"《書》："在璿璣玉衡，以齊七政。"璿璣，謂北辰句陳樞星也。以其魁杓之所指二十八宿爲吉凶禍福。天文列舍，盈縮之占，各以類爲驗。"人類學對若干原始民族的

---

[1] 《諸神的起源》，第 208 頁，三聯書店，1986。

[2] 《後漢書·桓譚傳》李《注》云："數謂數術，明堂、羲和、史、卜之官也。"可以認爲概括了原始數術的主要方面。

研究證明，關於原始數術的這類記載是有一定根據的。在這種歷史文化背景下逐漸形成的原始數術觀念，歷經夏、商、周三代的發展，在《國語》和《左傳》中還可以窺見：

> 夫神以精明臨民者也，故求備物，不求豐大。是以先王之祀也，以一純、二精、三牲、四時、五色、六律、七事、八種、九祭、十日、十二辰以致之，百姓、千品、萬官、億醜，兆民經入畡數以奉之，明德以昭之，和聲以聽之，以告徧至，則無不受休。（《國語·楚語下》）

> 天有六氣，降生五味，發為五色，徵為五聲。淫生六疾。六氣曰陰、陽、風、雨、晦、明也，分為四時，序為五節，過則為菑。（《左傳·昭公元年》）

> 故先王以土與金木水火雜，以成百物。是以和五味以調口，剛四支以衛體，和六律以聰耳，正七體以役心，平八索以成人，建九紀以立純德，合十數以訓百體。出千品，具萬方，計億事，材兆物，收經入，行姟極。故王者居九畡之田，收經入以食兆民，周訓而能用之，和樂如一。夫如是，和之至也。（《國語·鄭語》）

> 天地之經，而民實則之。則天之明，因地之性，生其六氣，用其五行。氣為五味，發為五色，章為五聲，淫則昏禮，民失其性。是故為禮以奉之：為六畜、五牲、三犧，以奉五味；為九文、六彩、五章，以奉五色；為九歌、八國、七音、六律，以奉五聲……。（《左傳·昭公二十五年》）

這些追述，大都是後人為了維護奴隸制禮制而徵引的，不可避免地塗上了階級社會的色彩。透過這些色彩，我們仍然可以發現原始數術觀念的若干特點：

1．由于氏族社會中部落集團的不同，分佈地域的差異，今可考見的原始數術觀念呈現出多樣性，很難有完全相同的。周人的原始五行觀念，只是其中一個流別，而在西周以來得到較為長足的發展而已。

2．原始數術觀念體現了人類向抽象思維發展過程的必經環節。因為先民最初的抽象能力總是要表現對事物數量的認識，並借助數量規定來發展自己的抽象能力。原始數術觀念總是同若干感性事物混同在一起，並利用事物數量關係的普遍性和規定性的優點，憑主觀想像的數群來產生萬物構成世界，從一到十的自然數列是先民常用的構成模式。

3．與天文律曆、原始宗教密不可分的原始數術觀念，追求一種神聖而和諧，天上人間相通的原則，力圖用數術使世間萬物各得其所、完美而有序，用數術去解釋天上人間的一切，因此，不可避免地產生許多神秘而荒謬的見解，彼此抵牾、含混不清的現象常常出現。

4．原始數術觀念是夏、商、周三代禮制的思想基礎。憑藉數術觀念，以祭神爲核心的原始禮儀、巫術、禁忌、習慣，被逐步改造加工，系統化條理化，成爲一整套早期奴隸制的習慣統治法規，即禮樂制度。其最高代表是天子，專司其職的具體執行者是巫、尹、瞽、史。春秋末年，禮壞樂崩，以孔子爲首的儒家自覺擔負起保存之並改造發展之的任務。

上述原始數術觀念第三個特點中，值得特別注意的重要內容，就是崇尚律曆和諧，以達到神人相和的境界。《史記·律書》載："武王伐紂，吹律聽聲，推孟春以至季冬，殺氣相並，而因尚宮。同聲相從，物之自然，何足怪哉？"《國語·周語下》有伶州鳩回顧此事的記載，他說：

> 凡人神以數合之，以聲昭之，（韋昭注："凡，凡合神人之樂也。以數合之，謂取其七也。以聲昭之，謂用律調音也。"）數合施和，然後可同也。（韋昭注："同，謂神人相應也。"）故以七同其數，而以律和其聲，于是乎有七律。（韋昭注："七同其數，謂七列、七同、七律也律和其聲，律有陰陽正變之聲也。"）

> ※引者按：① "七列"，因"武王伐殷，歲在鶉火，月在天駟"，故韋昭注曰："鶉火之分，張十三度。駟，天駟。房五度，歲月之所在。從張至房七列，合七宿，謂張、翼、軫、角、亢、氐、房也。" ② "七同"，韋昭謂"合七律也"。③ "七律"，韋昭謂"周有七音，用黃鍾爲宮，大簇爲商，姑洗爲角，林鍾爲徵，南呂爲羽，應鐘爲變宮，蕤賓爲變徵也。"

據認爲，武王正是做到了"數合聲和"，"律和其聲"，因此有"天地神人協同之應"，大勝于牧野，一舉推翻殷商。律曆和諧的崇尚，在武王伐紂中得到完善的運用。這是數術家引以爲榮的一次歷史實踐。

　　中國科技史專家戴念祖先生，對"律曆和諧"有精湛的論述。[1]他認爲，"律曆和諧說"是指地上音樂世界的發展規律與依據天體運動進行的時間計算在數字上有某種對稱性。"律曆和諧"實質上就是"天地和諧"。這種素樸而古老的數術。"它除了將音律的 12 個名稱與一年的 12 個月，一日的 12 個時辰相對應外，還將音律的旋宮變化與天上 28 個星宿在天區位置關係對應起來。這樣，當地上的人們從北東南西北環視天空一周時，所看到的星官宮位置的變化，就相當于地上的音律從黃鐘出發再回到黃鐘的位置一樣"。"古代人根據以上的律、曆對稱現象，提出了律曆和諧說或天地和諧說"。[2]這表明，子思、孟子關于"天人合一"的觀念其淵源何等久遠。原始數術觀念中，包含了中國古代哲學若干重要命題的胚芽。無怪乎司馬遷在《史記·律書》中強調：

　　　　王者制事立法，物度軌則，壹稟于六律，六律爲萬事根本焉。

　　　　鐘律調自上古。建律運曆造日度，可據而度也，合符節，通道德，即從斯之謂也。

　　崇尚律曆和諧的數術觀念，對中國古代社會和古代思想的巨大而深遠的影響，集中表現在音樂的重要性上。雖然，"禮樂"並稱，但"樂"更占據著核心的位置，音樂是通向神人合一、天上與人間感應的橋樑。這種音樂被稱爲"正聲"，"正聲感人，而順氣應之，順氣成象而治生焉"。[3]具體表現在以下幾個方面：

一、通過音樂，通靈于上帝和祖先。《周易·豫卦》："先王以作樂崇德，殷薦之上帝，以配祖考。"

二、通過音樂，保證軍事征伐的勝利。《周禮·春官宗伯·大師》："大師執同律以聽軍聲，而詔吉凶。"《六韜·五音》："武王問太公曰：'律音之聲，可以知三軍之消息、勝負之決乎？'太公曰：'律管十二，其要有五音，宮、商、角、徵、羽，此真正聲也，萬代不易，五

---

[1] 《朱載堉－明代的科學和藝術的巨量》第 283－287 頁。人民出版社，1986。

[2] 戴念祖同志認爲"可能起源於西周時期"，筆者認爲可能更早，商周之際已很成熟。

[3] 參看《樂記》、《荀子·樂論》。

行之神，道之常也。’”

三、通過音樂，實現國家禮制的管理。《國語‧周語下》“夫政象樂，樂
從和，和從平。聲以和樂，律以平聲。”、“于是忽氣無滯陰，亦無散
陽，陰陽序次，風雨時至，嘉生繁祉，人民和利，物備而樂成，上下
不罷。”因此，要求五聲相和，貴“和平之聲”，在周禮中都有嚴格
的規定。

四、通過音樂，對統治階級及其子弟進行教育。《樂記》載：“典者自卿
大夫師瞽以下，皆選有道德之人，朝夕習業，以教國子。國子者，卿
大夫之子弟也，皆學歌九德、詠六詩、習六舞、五聲、八音之和。”“又
以外賞諸侯得盛而教尊者。其威儀足以充目，音聲足以動耳，時語足
以感心，故聞其音而德和，省其詩而志正，論其教而法立。”（《周
禮‧春官宗伯‧大司樂》述之更詳，文繁不錄。）通過樂教，實施德
行、心志、法度的系統教育和訓練。

五、因此，音樂不再是一般意義上“教化百姓，說樂其俗”的工具，而是
天子權力的象徵，作樂“以章功德”，向人間臣民昭示：天子代表神
明，決定和領率著一切重大的祭祀、征伐、教化等行為，這就是《國
語‧周語中》“五聲昭德”的含義，它體現出將宗教、政治、倫理、
文化等社會行為制度化、規範化的巨大作用和感化人心的力量。所以
說，“夫樂，天子之職也”，代表著國家的權威和形象。

　　進入春秋時代，情況發生了巨大的變化。徐復觀曾言及於此，“樂的規範
性則表現為陶鎔陶冶，這在人類純樸未開的時代，容易收到效果；但在知性活
動，已經大大加強，社會生活已經相當複雜化了以後，便不易為一般人所把握；
也使一般人在現實行為上是無法遵行的。春秋時代，在人文教養上，禮取代了
樂的傳統地位，不是沒有道理。”[1]準確地說，生產力、科學技術的發展，帶來
了生產關係和社會制度的變革，反映在政治上、經濟上、軍事上、文化上都是
極其劇烈的，禮壞樂崩終將成不可逆轉的局面。而“樂崩”先于“禮壞”，不
僅標誌著往舊的傳統觀念被逐漸淡漠和拋棄，而且標誌著政治重心的轉移，財

---

[1] 《中國藝術精神》第一章第一節。

產和權力的再分配。《賈子·審微》有一段生動的事例：

> 禮，天子之樂宮縣，諸侯之樂軒縣，大夫直縣，士有琴瑟。叔孫于
> 奚者，衛之大夫也。曲縣者，衛君之樂體也；繁纓者，君之駕飾也。齊
> 人攻衛，叔孫于奚率師逆之，大敗齊師。衛于是賞以溫，叔孫于奚辭溫，
> 而請曲縣、繁纓以朝，衛君許之。孔子聞之，曰："惜乎！不如多予之
> 邑。夫樂者所以載國，國者所以載君。彼樂亡而禮從之，禮亡而政從之，
> 國亡而君從之。惜乎！不如多予之邑。"

《左傳·成公二年》亦載此事，孔子大爲慨嘆："唯器與名，不可以假人。"
"若以假人，與人政也。政亡，則國家從之，弗可止也已。"

這種情況，不止發生在諸侯國，宗周也是如此。所以，《論語·微子》鄭
重記載了宗周樂政的瓦解："大師摯適齊，亞飯干適楚，三飯繚適蔡，四飯缺
適秦，鼓方叔入於河，播鼗武入於漢，少師陽、擊磬襄入於海。"官學亦隨之
散入民間，禮樂文化四散，演變爲各種門派的私學。

儒家保存禮樂文化的歷史功績是世所公認的。孔子的詩教就是樂教，《論
語·子罕》載，孔子說："吾自衛反魯，然後樂正，雅頌各得其所。" 《史記·
孔子世家》亦載："三百五篇，孔子皆弦歌之，以求合韶、武、雅、頌之音，
樂記自此可得而述。" 在政治上，孔丘及七十子同樣夢想恢復西周以來禮樂治
國的舊觀，並且進行了巨大的努力。

《論語·陽貨》載：

> 子之武城，聞弦歌之聲。夫子莞爾而笑曰："割雞焉用牛刀？"子游對
> 曰："昔者偃也聞諸夫子曰：君子學道則愛人，小人學道則易使也。"
> 子曰："二三子！偃之言是也。前言戲之耳。"

這是一段相當重要的記載。子游爲武城宰，進行了樂政、樂教的實踐，這
本來是"天子之職"，國之器、名，居然施于小武城，故有牛刀之譏；樂教原
來只施于貴胄國子，現在居然小人亦受教學樂；通過弦歌之聲傳播大道，傳播
儒家的政治思想；所以孔子仍然肯定了子游的大膽改造。這說明，儒家在復興

禮樂的奮鬥中，並非一味食古不化，而是追述往古，面對現實，進行了多方面的探索和改造。

通過上述歷史文化背景的回顧和考察，對荀子所指斥的思孟五行說，可以作出以下評價：

第一、思孟以"仁義禮智聖"五者爲德行，借鑒和改造了原始數術觀念中的"五聲昭德"說。用音樂顯出威儀，交通神明，起源於古老的原始巫術儀式，商周之際，以追求律曆和諧，行成"五聲昭德"說，是西周禮樂制度的重要內容。除《周語》有記載外，雅頌中也有確證：

維此文王，帝度其心，貊其德音。（《毛詩·大雅·皇矣》）

就是這位文王，上帝審察了他的內心，就讓昭告他盛德的音樂傳播。

敬之，敬之！天維顯思！……佛時仔肩，示我顯德行！（《毛詩·周頌·敬子》）

戒慎自儆，戒慎自儆！天道何等的顯赫彰明！……幫助我擔負起重任，指示我光明的德行！

西周"五聲昭德"是就天子的威儀、風範、權力的顯示而言，是外向控制型的。而思孟五行則以"五聲之所和"論證"仁、義、禮、智、聖"這五種道德範疇，是對一般"君子"的要求，而且強調內省慎獨，是內向思辨型的。

第二，思孟五行"案往舊造說"，決不是簡單地向原始巫術、原始數術觀念拜倒，《德行》篇就引人注目地了"禮樂生於仁義"的新觀點。他們的努力，是對西周思想文化遺產予以際承和改造。孔子和他的學生，對西周禮樂制度既想復興，也有改造，特別是在樂教這一項上。前面所舉孔子肯定子游弦歌而治武城，是一個例證。子夏以"修身及家，平均天下"來說明"古樂之發"，也表現出把樂教下移，注意個人內省的傾向。"子思倡之"，其實是追隨了子游改造樂教的路線。從《荀子·非十二子》中可以看出，眾多的世俗之儒都知道思孟上承仲尼、子游，"以爲仲尼、子游爲茲厚于後世"，所以特別推崇思孟五行。荀子卻以輕蔑的口吻不予承認，多少帶有"儒分爲八"後的門戶之見。他本來就鄙視"偷儒憚事，無廉恥而耆飲食"的"子游氏之賤儒"。

第三，思孟以五聲說"五行"，與原始數術觀念中的陰陽五行不無瓜葛。這並不是招致荀子激烈攻擊的原因。荀子反對愚昧和迷信，但並不排斥陰陽五行，[1]在其治國方略《王制》"序官"一節，還專門設巫祝一職，司"相陰陽，占祲兆"之事。荀子爲即將來臨的大一統國家設計政治體制，對"先王立樂之術"，予先高度的肯定和全面繼承，所以"法後王"的荀子也不否定思孟據以爲說的"往舊"古樂。

荀子指斥思孟五行的真正原因，是他認爲思孟造作五行敗壞了"先王立樂之術"。《荀子·樂論》：

> 樂者，審一以定和者也，比物以飾節者也，合奏以成文者也；足以率一道，足以治萬變。

> 樂者，天下之大齊也，中和之紀也，人情之所必不免也。

> 且樂也者，和之不可變者也；禮也者，理之不可易者也。樂合同，禮別異。禮樂之統，管乎人心矣。

墨子非先王立樂之術，荀子痛斥墨子"幾遇刑也"，是近乎犯罪。子游開端、思孟倡和的改造先王樂教的做法，理所當然會遭到荀子的激烈批評。"略法先王而不知其統，"應是指斥思孟造說"五行"，根本不懂先王的"禮樂之統"，"僻違而無類"則是指出孟思算不上"法先王，統禮義，一制度"，"舉統類而應之"，"張法而度之"的大儒，[2]造作五行背離了先王禮樂治國的綱紀和法度。

值得一提的是，荀子在《樂論》中，爲了捍衛"先王立樂之術"，亮出了他的"五行"觀點。

> 貴賤明，隆殺辨，和樂而不流，弟長而無遺，安燕而不亂，此五行者，足以正身安國矣，彼國安而天下安。

---

[1] 金德建教授亦有此看法，見所著《先秦諸子雜考》，第 194 頁。
[2] 見《荀子·儒效》，照其標準思孟只能算俗儒。

在"先王之樂"面前，荀卿"五行"與思孟"五行"各張其幟，形成顯明的映照。怎樣繼承禮樂制度，從根本上說，是怎樣全面總結西周以來治國平天下的經驗。爲將要產生的封建大一統謀劃的儒家各派，必須對此提出種種理想的方案。當叔孫通、賈誼爲西漢定朝儀，制禮樂時，標誌著荀學得到新興封建統治者的認可，而當封建專制者感到要加強思想統治時，接著就乞靈于思孟。這樣，思、孟、荀都歷史地躋身于中國封建社會傳統觀念奠基者的行列中。

至於荀與思孟在思想路線上的分歧，也是有的。荀子也講養性貴誠和慎獨，又講"聖可積而至"，但他反對思孟五行說"思天"、"思誠"的神秘主義，所以有"幽隱而無說，閉約而無解"的批評。這只是荀子非思孟五行的次要原因，留待另文論述。

四、餘論：德之五行的變遷

孟、荀之後，歷經秦始皇統一戰爭、秦漢之際群雄角逐，一個前所未有的封建中央集權的統一帝國以其日趨穩定的機制，出現在世界的東方；先秦時代百家爭鳴，"道術將爲天下裂"的局面逐漸結束，而代之以更高層次的相互交融，以適應西漢統治者"雜霸王道而用之"的需要。德之五行""仁、義、禮、智、聖"也相應地經歷了內涵的變遷，主要表現爲兩點：一是"聖"爲"信"所取代，二是吸收了道家學派的重要觀念。

作爲道德範疇的五行：仁、義、禮、智、聖，從戰國末葉到秦代，得到了一定程度的傳播。爲適應新興的封建大一統的需要，在傳播的過程中，相應地得到修正和改造。

《周禮》中，"五行"被鋪衍爲"六德"，即"知、仁、聖、義、忠、和"，由大司徒負責，"教方民而賓興之"。鄉大夫、大比、州長、黨正等各級官吏，都要考察"民之德行"並由司諫作記載，"書萬民之德行"。這種鋪衍，彌補了"五行"未強調"忠信"的不足。

《賈子·六術》中，"五行"也擴展爲"六行"。因爲"數度之道，以六爲法"，"此所言六，以數事之盡以六爲度者爲六理，可謂陰陽之六節，可謂天地之六法，可謂人之六行。" "人有仁、義、禮、智、聖之行，行和則樂興，此之謂六行。"這種改造，與帛書《德行》篇的基本思想還是吻合的。

"五行"變爲"六德"、"六行"，都明顯地帶有秦始皇時代的標記。秦始皇統一中後，採用鄒衍"五德終始說"宣揚秦代周乃是水德代替火德，因而代表水德的數字"六"，在秦代備受尊崇，無孔不入，"度以六爲名"、"數以六爲紀"[1]，所以"五行"亦湊合而"六"了。儘管如此，《德行》篇論述的"仁、義、禮、智、聖"的道德規範，畢竟曾得到中國第一個封建大一統帝國的注視。

最有力的證據，莫過於秦始皇留下的刻石中有"五行"道德的反映。公元前二一九年《琅琊臺刻石》：

> 維二十八年，皇帝作始，端乎法度，萬物之紀，以明人事，合同父子，聖智仁義，顯白道理。

由于銘辭文體的限制，四字一句，不能將"聖智仁義禮"一並寫出，故略述爲"聖智仁義"，而"禮"這一範疇，在此之前的《泰山刻石》裡已有表述：

> 貴賤分明，男女禮順，慎遵職事。

始皇刻石採儒家"五行"之說，與他東巡鄒魯時"與魯諸儒生議，刻石頌秦德"是有聯繫的，這也透露出封建專制帝國有可能採納思孟五行說的最初信息。但是，秦始皇治國的理論基礎是法家思想，是"霸道"，真正懂得以"王道"治人心的歷史緊迫感，還沒有出現在他面前。"五行"被一筆帶過，而其中"聖"的觀念則逐漸被神化，被專制帝王所獨占和壟斷，始皇刻石中也見其端：

> 皇帝躬聖，既平天下，不懈于治。

---

[1] 參看《史記》中《封禪書》和《始皇本紀》。

> 訓經宜達，遠近畢理，咸承聖志。（《泰山刻石》）
>
> 大聖作治，建立法度，顯著綱紀。
> 大矣哉！宇縣之中，承順聖意。（《之罘刻石》）
>
> 聖德廣密，六合之中，被澤無疆。（《會稽刻石》）

《德行》、《孟子》所詠嘆讚美的"集大成"的境界，"聖"的標誌，也被秦始皇壟斷，《瑯琊刻石》宣稱"昭明宗廟，體道行德，尊號大成。"

既然"聖"是"天智"，"知天道曰聖"，那麼封建專制大一統帝國的天子，就順理成章是"聖"的專享者。戰國末葉的儒生，已經為這種大一統的專制帝國準備了道德哲學的根據：

> 唯天下至聖，為能聰明睿知，足以臨也。……是以聲名洋溢乎中國，施及蠻貊，舟車所至，人力所通，天之所覆，地之所載，日月所照，霜露所隊，凡有血氣者，莫不尊親，故曰配天。（《中庸》）

"聖"從一般君子所追求的道德範疇，演變為最高統治者"配天"的標誌，演變為對至高無上的專制君權的確認。封建專制的大一統帝國的政治需要，決定了道德五行的改造，"聖"必須代之以另外的道德範疇。

遽秦短暫，直到漢武帝時，才由董仲舒著手"五行"的改造，正式以"信"代"聖"。《春秋繁露·五行相生》：

> 中央者土，君官也。司營尚信，卑身賤體，夙興夜寐，稱述往古，以屬主意。明見成敗，微諫納善，防滅其惡，絕原塞隙，至忠厚信，以事其君。

他把"信"作為人臣最重要的行為準則和道德規範，人臣應當好專制君主的忠實助手，絕對忠誠，防惡揚善，使封建專制一統國家絕對鞏固。董仲舒在《舉賢良對策一》中強調："夫仁、誼、禮、知、信五常之道，王者所當修飾也；五者修飾，故受天之佑，而享鬼神之靈，德施之于方外，延及群生也。"此後，與"三綱"相配的"五常"，就作為中國封建社會最重要的道德規範被確定下來。[1]

　　繼董仲舒之後，漢元帝時的翼奉用鄒衍的陰陽五行方術全面說解五行。翼奉乃東海下丕人，深得燕齊海上鄒衍一派方術傳授，"好律曆陰陽之占"，以陰陽五行治齊詩。他向漢元帝鼓吹，"參之六合五行，則可以見人性，知人情。難用外察，從中甚明，故詩之爲學，情性而已，五性不相害，六情更興廢。觀性以曆，觀情以律，明主所宜獨用，難與二人共也。故曰：'顯諸仁，藏諸用。'露之則不神，獨行則自然矣。唯奉能行之，學者莫能行。"完全是一副方士口吻，兜售宗教神秘主義，翼奉所撰《五行》云："肝性靜，靜行仁，甲乙主之；心性躁，躁行禮，丙辛主之；脾性力，力行信，戊癸主之；肺性堅，堅行義，乙庚主之；腎性智，智行敬，丁壬主之也。"純以五行之說闡述仁義禮智信，道德規範竟然與身體的五臟合一，而且要選擇相應的時辰才能體現倫理效果。翼奉這一套在當時很有影響，道德五行被嚴密地納入了鄒衍的陰陽五行體系，"逐至以變孔門之真相。"[2]這樣，思孟五行據以造說的樸素的原始數術觀念，就被後起而更加成熟、具有更爲蠱惑人心力量的燕齊方術替代，蒙上了一層濃厚的迷信色彩。董、翼之後，思孟五行真諦盡失其傳，以至成爲東漢以來學人不解的疑團。

　　德之"五行"的變遷，還突出地表現爲與道家思想的融合。帛書《老子》甲本後第四種古佚書《四行》篇，正是沿著這條途徑發揮了"五行"觀念：

> 五行刑（形），惪（德）心起。和胃（謂）之惪（德），其要胃（謂）之一，其愛胃（謂）之天，有之者胃（謂）之君子，五者一也。（451　452行）
>
> 道者、惪（德）者、一者、天者、君子者、其閉盈胃（謂）之惪（德），其行胃（謂）之說……（455　456行）

通過德行的修養，達到"身調而神過，胃（謂）之玄同"的化境。玄同即天同，"玄，天也。"這是道家學派的一個重要概念。爲了發展儒家倫理哲學的思維形式，"玄同"的觀念被借用，構築起一個道德之天，具備"仁義禮智

---

[1] 僅《史記·樂書》猶以仁、義、禮、智、聖五行相配。
[2] 《兩漢三國學案》卷六。

聖"五行的君子,就能夠達到天人感應的境界。

借助道家學派的天道觀,發展儒家倫理哲學的目的論,是西漢初年儒學派的一個重要傾向,在其代表人物陸賈、賈誼思想中均有印證。

陸賈《新語·道基》云:"君子握道而治,據德而行,席仁而坐,仗義而疆,虛無寂寞,通動無量。"又《術事》篇云:"故性藏於人,則氣達於天,纖微浩大,下學上達,事以類相從,聲以音相應,道唱而德和,仁立而義興,王者行之於朝廷,匹夫行之於天下",這些觀點,可以作爲帛書《四行》篇"知天"、"修之天下",追求"至素至精"具體含義的恰當詮釋。

賈誼《道德說》,則以"道、德、性、神、明、命"六者爲德之"六理",以"道、仁、義、終、信、密"爲德之"六美"。"物所道始謂之道,所得以生謂之德。德之有也,以道爲本,故曰'道者,德之本也',德生物又養物,則物安利矣。"把道、德作爲天地萬物的源頭和養料,由此派生出仁義忠信一類的行爲規範。這些觀點,發展了《四行》篇以道、德、一、天、君子五者爲一,"其閉盈謂之德"的論點。賈誼那裡,"閉"表現爲德行與道密不可分。"德生于道而有理,守理則合于道,與道理密而弗離也"。而德之"盈",則不僅僅是使"天下歸仁",而是"生陰陽、天地、人與萬物"了。從帛書《四行》篇到賈誼的《道德說》,可以看出,西漢初年儒家德行觀念一步步更深入地與道家宇宙觀融合,儒家的道德哲學試圖從孟子所謂"上下與天地同流"發展爲某種宇宙的模式。這種努力,爲董仲舒形成神學目的論,提出天人宇宙論體系,積累了思想資料。

上述儒道合流的傾向,可以從漢初統治者的政治需要得到一定的解釋。通過總結和思考秦王朝迅速滅亡的經驗教訓,漢初統治者採取休養生息,"清靜無爲"政策的同時,已經著手準備以儒家學說爲主幹建立穩定的政治體制,即陸賈所說"治以道德爲上,行以仁爲本。"[1] 儒家的倫理學-哲學,也就要形成相應的一套行爲規範和理論體系,爲新的大一統王朝的政治經濟服務。這時被儒家融合和改造的道家,"既不再是老莊的倒退幻想,也不只是道法家的權術

---

[1] 《新語·本行》。

理論，而是已經落實在當時實際政治經濟措施上的思想"。[1]

關於"各種哲學在時間上的發展"，黑格爾曾指出："每一個哲學系統即是一個範疇，但它並不因此就與別的範疇互相外在。這些範疇有不可逃避的命運，這就是它們必然要被結合在一起，並被降為一個整體中的諸環節。每一系統所採取的獨立的形態又須被揚棄。在擴張為多之後，接著就會緊縮為一，一回復到"多"最初所自出的"統一"。而這第三個環節自身又可以僅是另一較高發展的開端。這種進展的步驟似乎可以延至無窮。"[2]

從戰國到西漢儒道思想的演變分合，一如黑格爾對各個哲學體系之間對立統一的論述。儒道兩家，既有孔子問禮于老子的軼聞，也有莊生對孔門尖銳的嘲諷；孟子曾驚呼道家無君之言，"是邪說誣民，充塞仁義也"，可是到西漢時，儒家也大談"無為"之治了，當我們分吸西漢時儒、道兩家範疇的結合時，有必要把目光回復到他們"最初所自出的'統一'"，這就是孳乳了儒、道兩家的西周官學，由瞽、史掌握的禮樂文化。

"道家者流，蓋出于史官"，學者對《漢書·藝文志》的這個說法無異議，道家學派的創始人老子，原為周之史官。"儒家者流，蓋出于司徒之官，助人君順陰陽教化者也。"有的學者對此有疑惑，然而參照其他經籍，可以看出班固之說不無根據。《周禮》以司徒為地官，謂"使帥其屬而掌邦教，以佐王安撫邦國"。經秦代儒生整理的今本《周禮》中，土地、賦稅、基層政權組織的管理，均為大司徒之職，當為設計國家體制構想時所增益，掌教化才是司徒一官的主要職能。《周禮》所載司徒掌教化的內容，與儒家所行無不彌合："以五禮防萬民之偽而教之中，以六樂防萬民之情而教之和。""以鄉三物教萬民而賓興之，一曰六德：知、仁、聖、義、忠、和；二曰六行：孝、友、睦、婣、任、恤；三曰六藝：禮、樂、射、御、書、數。"班固說儒家出于司徒，除了"明教化"外，還有"順陰陽"之職，這又與儒家以六藝為教有關。而六藝教育中其核心是樂教，本文第三節以予論述。俞正燮《癸巳存稿》指出"通檢三代以

---

[1] 《中國古代思想史論》，第 141 頁，人民出版社，1985。

[2] 《哲學史演講錄》，第一卷，第 38 頁，商務印書館，1983。

上書，樂之外，無所謂學。"[1]古代的樂官，頭一個重要任務就是"掌六律六同以合陰陽之聲"、"掌六律六同之和，以辨天地四方陰陽之聲"，其次才是"教六詩，曰風、賦、比、興、雅、頌，以六德爲之本，以六律爲之音"等等。儒家"順陰陽、明教化"的職能，使其文化和思想與古代的樂官有深厚的歷史淵源。古代的樂官皆爲瞽人，大師即瞽官之長。史籍中不乏孔子問樂于大師的記載。儒家學派可以溯源于瞽，道家學派溯源于史，在西周官學文化體系下，我們就發現了兩家淵源的統一。

瞽和史的共同職責，是把握天道。兩者以各自的方式，達到對天地、陰陽、四時、八位、十二度的把握，幫助王者順之，"以爲天下之綱紀"。在以祭祀、占卜爲核心的禮樂文化中，瞽、史有重要位置。所以《國語·周語下》記載魯成公言及卜亂，問單襄公"敢問天道乎，抑人故之？"（韋昭注："故，事也。將以天道占之乎，以人事知之乎？"）單襄公對曰："吾非瞽、史，焉知天道？"（韋昭注："瞽，樂太師，掌知音樂風氣，執同律以聽軍聲，而詔吉凶。史，太史，掌抱天時，與太師同車，皆知天道者。"）按，韋昭注本《周禮·春官宗伯·大史》。天時，即天杖，古代用于占天時，詔吉凶的圖籍儀器。參看惠士奇、孫詒讓說。

可見，認知天道，是西周原始數術的主要課題之一，它豐富和催化著樸素的原始數術觀念，孕育了古代的哲學。史對天道的認識，被道家學派發展爲精妙而深刻的思辨哲學，有秉要執本，清虛自守的君子南面之術，更有從社會政治論上昇而形成的宇宙觀，西周史官負責掌管和傳授國家法典、檔案、曆書、史志、禮書等圖籍，在具有當時第一流的政治、文化、科學知識的基礎上去把握天道，爲道家學派達到的高度和廣度奠定了深厚的基礎。瞽對天道的認識，則被儒家學派發展爲內省的、中和的道德哲學。儒家道德哲學的主要範疇，都留下了樂瞽的印記：

例如"中、和"。西周樂官以五聲相和，八音克諧爲和，"先王之樂所以節百事也，故有五節，遲速本末相及，中聲以降，五降之後，不容彈矣，于是有煩手淫聲，慆堙心耳乃忘平和，君子弗聽也，物亦如之"。[2]樂瞽訓練有素之

---

[1] 《癸巳存稿》卷二〈君子小人學道是弦歌義〉。
[2] 《左傳·昭公元年》。

雙耳,是察和的尺度,過與不及,都違背了禮制。"夫鐘聲以爲耳也,耳所不及,非鐘聲也……耳之察和也,在清濁之間,其察清濁也,不過一人之所勝。"樂聲過細或過大都不行,"細抑大陵,不容于耳,非和也。"于是,在樂教中,萌發了最早的"中、和"倫理觀念:"夫有和平之聲,則有蕃殖之財。於是乎道之以中德(韋昭注:"中庸之德聲也"),詠之以中音(韋昭注:"中和之音也"),德音不愆,以合神人,神是以寧,民是以聽。"[1]

例如"聖"。帛書《四行》篇說:"聖,聲也。""聖"對天道的認識,正是通過聲音,通過聽覺。《德行》論述聖人知天道(即君子道)時,皆曰"聞而知之"。然而撥開"聖人思也輕。思也者思天也,輕者尙(上)矣"這套神秘的渲染,我們可以發現雙目失明,只能以內心爲視,盡雙耳之聰,"以辨天地四方陰陽之聲",從而把握天道的古老身影,那就是樂聲。《德行》篇云:"聰,聖之始也","聰也者聖之藏于耳者也",又云聖之思"輕則形","形則不忘",蓋"聖之結于心者也",這種認識過程,與春秋時代的樂官伶州鳩所云"和聲入于耳而藏于心,心億則樂",[2]有相同的思想軌跡。古典音樂正是這樣,具有"無論在內心生活還是在表現方面都完全退回到主體性"的特點。[3]它用不著訴諸視覺的客觀事物形象,它只能也只擅長傾訴內心的生活。"聲音固然是一種表現和外在現象,但是,它這種表現正因爲它是外在現象而隨生隨滅。耳朵一聽到它,它就消失了;所產生的印象就馬上刻在心上了;聲音的餘韻只在靈魂最深處蕩漾,靈魂在它的觀念性的主體地位被樂聲掌握住,也轉入運動的狀態"。[4]音樂這種直指人心的效果,樂聲這種特別的社會職能和認知方式,對儒家形成內向歸縮的先驗道德本體論,產生了重大的影響,這也是禮樂文化傳統的一種必然。

瞽和史是西周禮樂文化精華的代表,原始數術觀念是禮樂文化精神的體現。瞽和史對天道的認知,是統屬於原始數術觀念體系中的兩個重要環節,是儒道兩大哲學體系對立統一的最早源頭。天道觀問題,即天人之際的問題,是

---

[1] 《國語·周語下》。
[2] 《左傳·昭公二十一年》。
[3] 黑格爾:《美學》第 3 卷,第 330、333 頁。商務印書館,1981。
[4] 同上。

困擾著、振奮著中國古代思想史的“永恆的主題”。儒家對天道的重新探索，目的是實現天人合一的倫理道德品行修養。因此，“德行”觀是儒家與道家兩大體系的結合部。劉光蕡、郭沫若先後覺察孔門“四科”中“德行”最同於道家，[1]德行之佼佼者顏淵頗富道家氣息，其歷史淵源即在於此。西漢初年儒、道的結合，也從倫理德行方面開始融合，決不是偶然的。司馬談評述先秦諸子時引《易·繫辭》曰：“天下一致而百慮，同歸而殊途。”這種同與殊、分與合，以及各學派的相互作用諸因素中找到解釋，但是不應該忽略：每個思想體系的發展、變遷、消亡，都可能在形成期找到原始的基因和最初的信息。好比人體胚胎細胞形成時，染色體的結構和細胞傳代數，就已經大致確定了這個人的生長發育衰病死亡。困難就在於，很不容易透過紛紜複雜的思想、文化、社會諸相，而清晰地把握每個哲學體系內在的遺傳程序或“生物鐘”。

1988 年 2 月 24 日－4 月 16 日

---

[1] 見劉光蕡《前漢書·藝文志注》、郭沫若《十批判書》。

論魯穆公變法中的子思

郭店楚簡《魯穆公問子思》及相關問題研究

席盤林

前 言

　　1993 年冬，湖北省荊門市一號楚墓出土了一批戰國竹簡，是為深受學界囑目的郭店楚簡。楚簡數經盜擾，有所損失，劫餘仍倖存八百餘枚，其中一小部份是無字簡，有字簡居多。有字簡經考古工作者整理，其數計 730 枚，並於 1998 年由文物出版社結集成冊公開發表。對竹簡年代的定性，首先是來自於發掘者的推斷，據楚墓發掘報告：一號楚墓"具有戰國中期偏晚的特點，其下葬年代當在西元前四世紀中至前三世紀初"[1]，精確說來"約當西元前 300 年"[2]，而"郭店楚簡的年代下限應略早於墓葬年代"[3]。由此可知，楚簡大抵能反映中國歷史戰國前期的世道人心。在楚簡諸篇學術著作中，值得一提的是《魯繆公問子思》，此篇傳世古文獻中未見流傳，為我們研究子思的思想提供了新鮮的材料。因此有必要對簡文的思想以及簡文所處的歷史背景深入探討，以期揭示其思想內涵，有助於子思研究的進一步拓展。

一 郭店楚簡《魯穆公問子思》的基本思想

簡文《魯穆公問子思》書寫於八枚竹簡之上，其釋文如下：

> 魯穆公問子思曰："何如可謂忠臣？"
>
> 子思曰："恒稱其君之惡者，可謂忠臣矣。"
>
> 公不悅，揖而退之。成孫弋見，公曰："向者吾問忠臣于子思，子思曰'恒稱其君之惡者可謂忠臣矣。'寡人惑焉，而未之得也。"

---

[1] 見荊門市博物館：《荊門一號楚墓》，《文物》1997 年第七期，第 47 頁。

[2] 見崔仁義：《荊門楚墓出土的竹簡老子初探》，《荊門社會科學》，1998 年。

[3] 見荊門市博物館：《郭店楚墓竹簡》，文物出版社，1998 年版，第一頁。以下所引《郭店楚墓竹簡》皆該本。

成孫弋曰："噫,善哉,言乎!夫為其君之故殺其身者,嘗有之矣。恒稱其君之惡者,未之有也。夫為其君之故殺其身者,效祿爵者也,恒稱其君之惡者,遠祿爵者也。為義而遠祿爵,非子思,吾惡聞之者也。"[1]

全文大意為:

魯穆公問子思,"什麼樣的臣子可以算是忠臣?"

子思回答說:"經常在君主面前稱述君主不是的臣子才是忠臣。"

穆公聽了子思的話之後很不高興,於是拱手行禮,請子思退下。這時,成孫弋入見穆公,穆公就問成孫弋:"剛才我向子思咨詢忠臣的問題,子思說,'經常稱述君主不是的臣子才是忠臣。'我很困惑,不能明白子思這話的意思。"

成孫弋說:"噫,子思這話說得好呀!為了君主而犧牲自己生命的人,歷史上有這樣的人。經常稱述君主不是的人歷史上卻從未有過。為君主而獻身其實只是報效祿爵,經常稱述君子的過失卻是疏遠祿爵,為大義而疏遠祿爵,如果不是子思,我又怎麼能聽得到這樣的諍言呢。"

簡文僅 150 字,內容並不複雜。這裡有必要探討一下子思與魯穆公的關係。關於魯木穆公與子思的關係,傳世文獻中早有定論,班固《漢書·藝文志》釋子思"名伋,孔子孫,為魯繆公師"[2],簡文中魯穆公向子思"揖而退之"甚能體現子思為"魯繆公師"的地位。

---

[1] 《郭店楚墓竹簡》第 141 頁,缺文據裘錫圭先生校補。魯穆公即魯繆公,繆與穆通假。與子思"恒稱其君之惡"相應證是《孔叢子·抗志》所載子思事跡:"衛君問子思曰:'寡人之政何如?'答曰:'無非。'君曰:'寡人不知其不肖,亦望其如此也。'子思曰:'希旨容媚則君親之;中正弼非則君疏之。夫能始人富貴貧賤者,君也。孰肯舍所以見親而取其所以見疏乎。是故竟救射君之心,而莫有非君之非者,此臣所以無非也。'"又"子思謂衛君曰:"君之國事將日非矣。'君曰:'何故?'答曰:'由有然焉。君出言皆自以為是,而卿大夫莫敢矯其非;卿大夫出言亦自以為是而士庶人莫敢矯其非,君臣既自賢矣,而群下同聲賢之。賢之則順而有福,矯之則逆而有禍,故使如此,如此則善安從生。"見《孔叢子》,諸子百家叢書,上海古籍出版社,1990 年版第 28、27 頁。以下引《孔叢子》皆該本。

[2] 班固:《漢書》第 6 冊,中華書局,1962 年版,第 1724 頁。

　　"揖而退之"非君臣之禮，乃是主賓之儀。揖，拱手爲禮，是古代賓主相見的禮節，《周禮·秋官·司儀》云："掌九儀之賓客擯相之禮，以詔儀容、辭讓、揖讓之節。"[1]古文獻中記"揖"事甚多，《論語》載："孔子退，揖巫馬期而進之"[2]，《禮記·曲禮》有："臨喪不笑，揖人必違其位"[3]《孟子》說："昔者，孔子沒，三年之外，門人治任將歸，人揖於子貢"[4]揖禮喻謙遜尊敬。戰國時期君主事賢多執揖禮，奉之爲師。《禮記·學記》云："君所不臣於其臣者有二，當其爲師，則弗臣也。"鄭玄注："尊師重道，不使臣位也。"《孟子·萬章上》亦云："盛德之士，君不得而臣"，君師之地位由此可見一斑。但定位子思爲"魯繆公師"似乎不能完全反映子思的真實地位，我認爲子思之于魯穆公宜用"賓師"[5]或"師賓"[6]來確定其身份，賓師或師賓皆指不食君祿而爲君主所尊禮的賢人。賓師或師賓之于君主是"遠祿爵"，而非"效祿爵"。

　　賓與師一樣亦爲世人所重，《周禮·地官·鄉大夫》云："三年則大比，孝其德行道義，而興賢者，能者。鄉老及鄉大夫帥其吏，與其衆寡以禮賓之。"賓，有敬之意，即敬所舉賢者能者之意，鄭玄注："合衆而尊寵之，以鄉飲酒之禮，禮以賓之。"《呂覽》亦記墨子言賓之事："若越王聽吾言，用吾道，翟度身而衣，量腹而食，比于賓萌，未敢求仕"高誘注："賓，客也"[7]指未食

---

[1] 孫詒讓：《周禮正義》，中華書局，1987年版，第3009頁。以下引《周禮》皆該本。

[2] 《論語·述而》，劉寶楠：《論語正義》，中華書局，1982年版，第279頁。以下引《論語》皆該本。

[3] 孫希旦：《禮記集解》，中華書局，1989年版，第79頁。以下引《禮記》皆該本。

[4] 《孟子·滕文公上》，見焦循：《孟子正義》，中華書局，1987年版，第393頁，以下引《孟子》皆該本。

[5] 《孟子·公孫丑下》："管仲且猶不可見召而況不爲管仲者乎？"朱熹注引範氏曰："孟子之于齊，處賓師之位，非當仕有官職者"又曰："賓師不以趨走承順爲恭，而以責難陳善爲敬。"見朱熹：《四書集注》，岳麓書社，1985年，第300頁。以下《四書集注》皆該本。

[6] 見焦循：《孟子正義》，第269頁。孟子云："有官守者，不得其職則去，有言責者，不得其言則去，我無官守，我無言責也，則吾進退豈不綽綽然有餘裕哉"。焦循注"今我居師賓之位，進退自由，豈不綽綽乎。"又云："孟子之盛德足以爲諸侯師，而仕不受祿，所以爲師賓也。孟子尚可爲賓師或師賓，何況是"爲魯繆公師"的子思呢？

[7] 《呂氏春秋·高義》，見陳奇猷：《呂氏春秋校釋》，學林出版社，1984年出版，第1246頁。以下引《呂氏春秋》皆該本。

君祿或不居官職者。清人焦循認爲"凡賢能盛德之士，未食君祿，俱爲賓。"[1]子思在魯，雖"爲魯穆公師"，然未出仕，《孔叢子·抗志》載"穆公欲相子思，子思不願，將去魯"[2]事以及子思見老萊子言"吾不能爲舌故不能事君"的事跡均說明子思當時處賓師或師賓之位，孟子曾以此自負："有官守者，不得其職則去；有言責者，不得其言則去，我無官守，我無言責也，則吾進退豈不綽綽然有餘裕哉！"（《孟子·公孫丑下》）師賓或賓師之位的優越感溢於言表。因此師賓或賓師是子思的最佳定位，子思的這種定位體現于簡文《魯穆公問子思》的歷史背景，即魯穆公變法之中。

在魯穆公變法中，子思起著舉足輕重的作用。子思在其中扮演的角色不限於師賓或賓師，從更深層次說，子思的賓師或師賓角色蘊含著深刻的輔臣與帝王師心理，可以說，子思的思想是魯穆公變法的理論指導，但魯穆公變法成敗得失的關鍵並不在于子思，而取決于魯穆公[3]，因此子思與魯穆公之間的分歧在所難免，簡文《魯穆公問子思》便是兩者之間分歧的具體表現，子思在處理與穆公的分歧中體現了戰國士人的精神風貌。所以，將楚簡《魯穆公問子思》置于戰國前期魯穆公變法的大背景下有助于我們更好地深入研究子思的人格和思想。

二 魯穆公變法

魯穆公即位之後就著手進行變法，這有其深刻的歷史背景。國內，穆公時，爲魯公室心腹之害的三桓勢力衰微，內亂漸息，有了一個君主集權進行整頓內政

---

[1] 焦循：《孟子正義》，第 270 頁。

[2] 見《孔叢子》，諸子百家叢書，上海古籍出版社，1990 年版，第 31 頁，以下涉及《孔叢子》皆同。《孔叢子》的史料可用，蒙文通先生認爲"《孔叢子》述子思言行，每與他書征《子思子》相合，明有斯據。"（《蒙文通文集》，第 233 頁。），魏啓鵬教授亦認爲，"不能以漢人篡輯而否定其史料價值"（《德行校釋》第 99 頁。）。

[3] 戰國時期的變法成功與否君主有莫大關係，李悝之于魏文侯，吳起于楚悼公，商鞅之于秦孝公皆如此。《說苑·政理》載："公儀體相魯，魯君死，左右請閉門。"亦能說明魯穆公在變法中的地位，這是君權集中的必然走向，大異于世卿世祿下的弱君形象。

的良好的國內環境，而當時的天下大勢是士人崛起，諸侯各國爲圖富強養士尊士封漸盛，變法成爲時代潮流，中國歷史已進入醞釀統一的時代。[1]

（一） 魯穆公變法的國內形勢

穆公時，魯國國內政治格局發生了重大變化。自宣公以來，政在三桓，其中以季氏最爲強大，故有"魯之公室，三世劫于季氏"[2]之語。魯悼公時，甚至"三桓勝，魯如小侯，卑于三桓之家"[3]，而穆公時，魯已無大夫勢壓之危。三桓勢力消沉，失其二惟存一桓，然穆公雖無三桓之慮，但三桓之弊造成的魯國積貧積弱的國勢並未因三桓勢去而得到緩解，錢穆先生指出："三桓惟存一家又離魯獨立，則魯之削弱可知"[4]更糟糕的是，魯地"無山林溪谷之險，諸侯四面以達"（《呂氏春秋·長利》）。漢人曾敍穆公之世，魯國面臨的危險局面，"北削于齊，以泗爲境，南畏楚人，西賓秦國。"[5]外患日急，不變法無以圖存，是時，士人崛起，效力大政，施展才幹，各國亦相繼變法。

（二） 士人崛起，諸侯爭相變法的天下大勢

戰國時期，天下大亂，士人適逢其會如蜂而出。士人汲汲乎周流憂世，奔走公門，形成遊士入仕集團，既思"救時之弊"，亦"欲以其道移易天下"。因

---

[1] 尚鉞先生定"公元前403-公元前221年"爲戰國時期醞釀統一的時代。魯穆公在位期間的時間段正在其中。見《尚氏中國古代通史》（上），高等教育出版社，1991年版，第110頁。

[2] 《韓非子·難三》，見陳奇猷：《韓非子集釋》，上海人民出版社，1974年版，第844頁。以下引《韓非子》皆該本。

[3] 《史記·魯周公世家》，司馬千：《史記》，中華書局，1959年版，第1546頁。以下引《史記》皆該本。

[4] 見錢穆：《先秦諸子繫年·魯繆公禮賢考》，中華書局，1985年版，第158頁。

[5] 《鹽鐵論·相利》，四部叢刊初編子部。

士人既無"君上之事"，又無"耕農之難"[1]，游離于治者與四民之間，遂成爲當時的精英階層。與游士之風相應，戰國前期，中國歷史雖已進入醞釀統一的時代，但"大一統"的政治格局遠未形成，諸侯相爭並，戰爭殘酷而激烈"爭城以戰，殺人盈城，爭地以戰，殺人盈野"（《孟子·離婁上》）。各國君主爲了富強爭勝意識到"爭天下者，必先爭人"[2]，在君主專制條件尙未成熟的的條件下，尊禮賢人，折節向士，大力延攬人才，所以養士尊士之風漸熾，于是便有"得士者昌，失士者亡"（《孔叢子·居衛》）之語，甚至"萬乘之君，得罪一士，社稷其危"[3]。士人日益成爲天下重心，是戰國時人的共識。

戰國世主尊禮士人分三個等次，曰師曰友曰臣，[4]師位尊崇，士人皆願爲師，而世主亦以尙師爲好，其傳統可至古聖先王。《呂氏春秋·勸學》云："古之聖王，未有不尊師者也。" 《尊師篇》又言："神農師悉諸，黃帝師大撓，帝顓頊師伯夷父，帝嚳師伯招，帝堯師子州支父，帝舜師許由，禹師大成摯，湯師小臣，文王武王師呂望周公。"孟子引《書》之言"天降下民，作之師"，荀子則說"君師，治之本也"，但戰國世主尊士的真正目的是"士存則君尊，士亡則君卑"[5]，"諸侯得師者王，得友者霸，得疑者存，自爲謀而莫己若者亡"[6]，戰國時代的世主或先或後尊士人而變法，尊士與變法是一致的。

繼春秋五霸之後，戰國七雄競起，最引人注目的是魏文侯，戰國世主尊士和變法首推魏文侯。《史記·魏世家》載："文侯受子夏經藝，客段干木"《史記·仲尼弟子列傳》記子夏事"孔子既沒，子夏居西河教授，爲魏文侯師"，魏文侯變法用的便是子夏弟子李悝。李悝相魏進行改革，推行"盡地力之教"，

---

[1] 《墨子·貴義》："今翟上無君上之事，下無耕農之難"。見孫詒讓：《墨子閒詁》，世界書局，諸子集成本，1935年，第269頁。以下引《墨子》皆該本。

[2] 《管子·霸言》，見《四部叢刊》初編子部，以下引《管子》皆該本。

[3] 《威王問于莫敖子華》見《戰國策·楚一》，張清常，王延棟：《戰國策箋注》，南開大學出版社，1993年版，第360頁。

[4] 《孟子·萬章下》有"費惠公曰：'吾于子思，則師之矣，吾于顏般則有之矣，王制長息則事我者也。'"，第691頁，

[5] 《說苑·尊禮》，見向宗魯：《說苑校證》，中華書局，1987年版，以下引《說苑》皆該本。

[6] 《荀子·堯曰》，見王謙：《荀子集解》，新編諸子集成，中華書局，1988年版，第548頁。以下引《荀子》皆該本。

頒布《法經》取得很大成績，魏國因此"得譽于諸侯"，成爲戰國前期最強大的國家。魏國變法，各國亦不甘落後，趙烈侯"官牛畜爲師，荀欣爲中尉，徐越爲內史"（《史記·趙世家》）進行改革，楚悼公用吳起變法，魯穆公變法之後，變法浪潮仍繼續不已，韓國至昭侯時"申不害相韓"（《史記·韓世家》）才著手變法。《通鑒·周紀二》載申不害變法事甚詳："申不害者，鄭之賤臣也，學黃老刑名以干昭侯。昭侯用昭相，內修政教，外應諸侯，十五年，終申子之身，國治兵強。"後秦孝公用商鞅變法成爲七雄之首。其餘，還有齊威王用鄒忌爲相整頓內政，燕昭王任命樂毅變法，戰國變法綿延一百餘年，魯穆公變法在戰國世主改革中是走在前列的。

總之，戰國時期的風氣和魯國國內的現狀促使魯穆公痛下決心，以"子思爲師，相公儀休，尊禮墨子、申詳、曾申、子柳、南宮邊、縣子諸賢[1]"進行變法，其性質亦同于當時及以後的諸侯各國變法，這從魯穆公變法的內容中可以看出。

（三）魯穆公變法的主要內容

魯穆公以子思爲師，公儀休爲相進行變法，史載："公儀子爲政，子柳、子思爲臣。"（《孟子·公孫丑下》）子思名爲臣，其實爲師。[2]在變法中，子思是指導者，公儀休是實行人，雙方相互理解和支持，其改革的目的是力矯三桓之弊，富國強魯，其措施亦針對三桓流弊而爲。

（1） 廢除世卿世祿制，建立新的官僚體制

西周時期，周天子高高在上，建國封建，爲天下共主，亦是姬姓大宗。《左

---

[1] 錢穆：《先秦諸子繫年·魯穆公禮賢考》，中華書局，1985年版，第156-158頁，特別指出的是公儀休又稱公儀子，亦被誤記爲公儀潛。以下涉及《先秦諸子繫年》皆同。

[2] 馬王堆帛書乙本卷前古佚書云："帝者臣，名臣，其實師也。"《孟子正義》焦循注"柳子，泄柳也。子思，孔伋也。二人爲師傅之臣，不能救魯之見奪，亡其土地者多。"見《孟子正義》卷二十四，第830頁。

傳》載："天子建國，諸侯立家，卿置側室，大夫有貳宗，士有隸子弟，庶人、工、商，各有分親，皆有等衰。"[1]這種封建和等級宗法制度下"天有十日，人有十等，下所以事上，上所以共神也。故王臣公，公臣大夫，大夫臣士，士臣皁，皁臣輿，輿臣隸，隸臣僚，僚臣僕，僕臣臺，馬有圉，牛有牧，以待百事。"（《左傳·昭公七年》）這種封建宗法等級制度"世祿而不世官"[2]隨著周王室衰微逐漸瓦解，出現了"禮樂征伐自諸侯出"，（《論語·季氏》）大夫執政，"陪臣執國命"（《論語·季氏》）的現象，于是產生了從貴族群體中分化出來的世家大族，世家大族把持國命至而形成典型的世卿世祿，魯三桓就是典型的世卿世祿之家。

三桓即孟孫氏，叔孫氏，季孫氏三家，皆為桓公之侯，故名。季孫氏世襲冢卿，世職司徒，叔孫、孟孫則為公卿，分別世襲司馬、司空，魯公無力干涉。《論語·季氏》中孔子曾描繪三桓世卿世祿的特點："祿之去公室，五世矣；政逮于大夫，四世矣。"所以"與其說世卿世祿是一種制度，勿寧說是一種現象，是世家大族興盛的標誌。"[3]此論甚是。"世卿"，"非禮也"[4]；"世祿之家鮮克有禮，以蕩陵德，實悖天道。"[5]春秋時的世卿世祿制與西周自上而下的封建制相比，顯然春秋時的世卿世祿乃是世家大族以強權為後盾而對抗君命的世家貴族政治。在魯國，三桓的統治即是典型的世卿世祿的政治，而穆公廢除世卿世祿便是掃除三桓崛起的根基，滌蕩三桓消沉之後的殘餘勢力，代之而起的是新的封建官僚制度，加強中央集權，鞏固君主的統治。

---

[1] 《左傳·桓公二年》，楊伯峻：《春秋左傳注》，中華書局，1981年版，第94頁。以下引《左傳》皆該本。

[2] 程子曰"古者使以德，爵以功，世祿而不世官"，見《四庫全書》第145冊，經部一三九，春秋類，臺灣商務印書館，第160頁。

[3] 郭克煜等：《魯國史》，人民出版社，1994年版，第154頁。

[4] 《公羊傳·隱公三年》。"夏四月辛卯，尹氏卒。"公羊曰："尹氏者何！天子之大夫也，其稱尹氏何？譏世卿也。康侯胡氏曰功臣之世，世其祿，世卿之宮嗣其位，祿以報功也。故其世可延位以尊賢也。故其官當擇官不擇人，世祿之柄，黨與既眾，威福下移，大奸根據而莫除，人主孤立而無助，國之不幸爾。春秋于周書尹氏，武爾仍叔之子，于魯書季友仲，遂皆志其非禮也。"見《四庫全書》文淵閣影印本第160冊，經部一五四，春秋類，臺灣商務印館，第160頁。

[5] 《尚書·畢命》，見《十三經注疏》，第245頁，中華書局，1979年影印本。

　　楚簡《魯穆公問子思》全無世卿世祿的氣息，穆公問忠臣，子思論忠臣，成孫弋評"恒稱其君之惡"，"夫殺其身者，效祿爵者也；恒稱其君之惡者，遠祿爵者也"，其意境顯然是封建官僚體制下的體現。《韓非子》中所載魯相公儀休拒魚之事亦能表明世卿世祿的廢除，新的官僚俸祿制的建立：

> 公儀休相魯而嗜魚，一國盡爭買魚而獻之，公儀子不受，其弟諫曰："夫子嗜魚而不受者何也？"
> 對曰："夫唯嗜魚，故不受也。夫即受魚，必有下人之色。有下人之色將枉于法，枉于法則將免于相，雖嗜魚此必不能自給致我魚，我又不能自給魚。即無受魚而不免于相，雖嗜魚，我能長自給魚。"[1]

　　公儀休言"枉于法將免相"，"即無受魚而不免于相雖嗜魚，我能長給魚"說明魯國穆公之時，已不是世卿世祿制，公儀休是靠俸祿生活，這一史料亦說明相的任免操于君主穆公之手，相無力與君主相抗，這是因爲穆公吸取三桓勢大以至形成尾大不掉的教訓，實行文武分權的結果。相爲"百官之長"，穆公在置相的同時，亦設將，相主行政，將掌軍事，其有力的證據是穆公時吳起仕魯，穆公以之爲將抗擊齊軍：

> 吳起者，衛人也。嘗學于曾子，事魯君。齊人攻魯，魯欲將吳起，吳起取齊女爲妻，而魯疑之。吳起于是欲就名，遂殺其妻以明不與齊也，魯卒以爲將。將而攻齊，大破之。（《史記·孫子吳起列傳》）

　　上述史實就是吳起殺妻求將的故事，文中魯君據錢穆先生考證，是魯穆公。[2]《韓非子·說林上》亦載有吳起仕魯事"魯季孫新弒其君，而吳起仕焉"與魯穆公時事不合，錢先生認爲是韓非誤記，錢說可信，今從錢氏。由公儀休相魯，吳起爲將的史料可證，穆公時已設將置相，官分文武。其旨在于以三桓之亂爲鑒，防止卿相坐大，故削弱相權，避免卿相"上則得專主，下則得專國"（《荀子·

<hr/>

[1] 《韓非子·外儲說右下·說二》，第773頁。《史記·循吏列傳》中亦有記載，《淮南子·道應訓》亦說傳述，見《四部叢刊》初編子部，以下引《淮南子》皆該本。
[2] 錢穆《先秦諸子繫年·吳起仕魯考》，中華書局，1985年版，第161-162頁。

_{強國}）重蹈三桓亂魯的覆轍。因而尉繚子認爲"官分文武，王之二術也。"[1]另一方面將相分權乃是戰國軍事戰爭日益劇烈的必然要求，既有利于提高卿相的行政效率，又便于整軍經武選拔良將人盡其才。戰國時期魯國的官僚體系史料闕如，比不上春秋時期詳備，將相僅見于吳起和公儀休，其餘語焉不詳，此處略。

與官僚俸祿制及官分將相配套的是官僚選拔制度，此處以相的選拔爲例稍加分析。《史記·循吏列傳》載："公儀休者，魯博士也，以高弟爲魯相。"《史記·循吏列傳》據司馬遷所記，公儀休爲魯相是緣于博士高弟的選官制度，具體的博士高弟如何運作，史不見傳，不敢妄議。不過戰國中後期六國和秦漢博士一方面是備顧問，另一方面是爲國家培養儲備人才，其淵源蓋在魯國穆公時所設的博士，錢穆先生亦有此疑問[2]，然無史料可證。但公儀休以博士相魯是可證明魯國穆公時已建設了一套別于世卿世祿制下的貴族政治的選官取士制度，體現了穆公尚賢使能的風範。

（2） 魯穆公變法時採取的經濟政策

這主要體現于公儀休爲政期間的富民政策。公儀休爲魯相，採取了一系列旨在改善民生，發展經濟的利民措施：

> 使食祿者不得與下民爭利，受大者不得取小。（《史記·循吏列傳》）
>
> 食茹而美，按其園葵而充之。見其家織布好，而疾出其家婦，燔其機，云"欲令農士工女安所讎其貨乎？"（《史記·循吏列傳》）

公儀休發佈"食祿者不得與下民爭利"的法令並身體力行，這是世卿世祿制下不可能實現的，適應的是新的官僚俸祿制，這對于緩解官民矛盾有重要的意義，此外公儀休還採取了一些輕傜薄賦的政策，《說苑·政理》載公儀休曰："池淵吾不稅，蒙山吾不賦，苟令吾不佈"。

---

[1] 《尉繚子·原官》。見《四部叢刊》初編子部。

[2] 錢穆云："博士始見此，其制或亦穆公創之？"見《先秦諸子繫年·魯繆公禮賢考》，第158頁。

質而言之，公儀休的經濟政策一定程度上促進了魯國經濟的發展，延續了魯國的國脈。

對于魯穆公變法的成效，戰國時人淳于髡認爲"魯繆公之時，公儀子爲政，子柳、子思爲臣，魯之削滋甚。若是乎，賢者之無益于國也。"（《孟子·告子下》）淳于髡是齊人，其言未必公允，然"魯之削滋甚"卻是事實，《史記·六國年表三》載：

> 齊宣公四十四年，伐魯莒及安陽。
>
> 齊宣公四十五年，伐魯取都。
>
> 齊宣公四十八年，取魯郕。
>
> 齊康公十一年，伐魯取最，韓救魯。
>
> 齊康公十五年，魯敗齊平陸。
>
> 齊康公二十年，伐魯破之。

以上戰事皆值穆公之世[1]，魯大抵是敗多勝少，喪師失地，幾至亡魯。究其因乃魯穆公外交決策失誤所造成的，倘若歸之于"賢者無益于國也"卻過于武斷，不符合歷史事實，戰國時人孟子也認爲淳氏之言大謬。但有些當代史學家竟以淳于髡之言作爲"儒者無益于國"的證據，從而得出"魯國的日益衰弱是因穆公任用儒家改革之故"[2]的結論，不免失之于偏頗。事實上，在魯穆公變法中，子思起了很大的作用，他所用的救世藥方，並非是完全的儒家教化，而是站在時代前沿吸收了齊學中的先進之處，援齊學人儒學，使子思的學說帶有濃厚的法家思想。子思爲師，公儀休爲相的魯穆公變法與子夏爲師，李悝爲相的魏文侯變法有同等意義。基于以上的認識，對于魯穆公變法的定性，我認爲應屬似儒實法的改革，在這場改革中，子思是以君師身價體現其價值的。

[1] 據錢穆所云。見《先秦諸子繫年·魯繆公禮賢考》，第 159 頁。
[2] 郭克煜等：《魯國史》，第 262 頁。

三 魯穆公變法中的子思

魯穆公非常重視子思。《孟子·公孫丑下》載："昔者，魯繆公無人乎子思之側則不能安子思，泄柳、申詳無人乎穆公之側則不能安其身。"焦循注："往者，魯繆公尊禮子思，子思以道不行則欲去，穆公常使賢人往留之，說以方且聽子爲政，然後子思復留，泄柳、申詳亦賢者也，穆公尊之不如子思，二子常有賢者在穆公之側勸而復之，其身乃安。"所謂"賢者在穆公之側勸而復之"焦循認爲"勸而復之，謂有賢者在穆公之側以善言勸勉而奏白之，泄柳、申詳乃留止于魯而不去。二子賢不及子思不必聽二子之言。言必有賢如子思，進言于君，而君聽之，二子乃留。二子視子思之留爲留也，非虛言所能止。"由此可見，穆公是信任子思的，其改革正是在子思指導下進行的，最能體現子思變法的是魯穆公與子思之間的一段回答：

> 穆公問子思曰："吾國可興乎？"子思曰："可。"公曰："為之奈何？"
> 對曰："茍君與大夫慕周公伯禽之治，行其政化，開公家之惠，杜私門之利，結恩百姓，修禮鄰國，其興也勃矣。"（《孔叢子·公儀》）

子思的變法思想即爲"慕周公伯禽之治，行其政化，開公家之惠，杜私門之利，結恩百姓，修禮鄰國"，"公儀子爲政"大體是按照子思的變法思路進行的，這種思路已非單純的周公伯禽之治，亦非完全儒者改革的典型，而是子思傳承孔門之統基礎上的創獲，其實質是爲了徹底消除三桓禍魯的影響，改革魯國積弱的頹勢，而對魯國舊的經濟、倫理、政治諸方面進行改革，以期順應時代潮流，救魯興魯，終極目的仍是文武周公事業式的天下大治。

（一）開公家之惠，杜私門之利，結恩百姓

子思這個觀點是爲直接糾治魯國歷史上三桓勢大于魯公的弊病。公家即公門，亦謂公室指魯公，私門相當于私家即卿大夫，在穆公之前的魯國諸公勢力

不敵三桓，子思"開公家之惠，杜私門之利"的目的是經濟上使魯穆公取得主動。若公門富過私門，私門則無力對抗公門，在魯國歷史上魯國經歷了一長段私門富于公門的歷史。

在魯國，私門的勢力代表是"三桓"。公元前 609 年，魯文公去世，魯國公室內部發生了"殺嫡立庶"（《左傳·文公十八年》）的權位之爭，"三桓"乘機發展勢力，各自在封邑築城，季孫築費，叔孫孟孫分建郈和郕，作爲與魯公室對抗的勢力後盾，自始，魯國出現了"公室卑，三桓強"（《史記·魯周公世家》）的局面。在與公室的對抗中，三桓爲了取得優勢地位，在各個領域與公室進行爭奪，尤以經濟領域爲烈。三桓皆重視爭取和招徠奴隸及破產平民，尤其是季氏在費邑實行"寒者衣之，饑者食之"，"共其乏困"（《左傳·昭公十三年》）的惠民措施，把從魯君治下的民公吸引過來變爲自己的"隱民"和"私屬徒"，這樣就增加了收入，勢力大張。隨著三桓勢力的發展，公元前 562 年，三桓"作三軍，三分公室而各有其一"（《左傳·襄公十一年》）史稱"三分公室"，三家各統率一軍，並在各統轄的範圍內進行經濟變革。季孫氏勢力發展最快，力量也最強，于是有了"四分公室"，季孫氏三分公室有其二[1]。季孫氏勢居二桓之上，然後三家均在統轄區內推行征稅的辦法，國君的費用則仰于三桓及其它貴族貢納維持。可以說三桓勢力擴張的過程，既是私門在經濟利益上戰勝公門的過程，亦是魯國賦稅制度變遷的過程。

公元前 594 年，魯國季孫氏掌權時頒布了"初稅畝"[2]的法令，對公私土地一律按畝征稅，公田與私田實際上的差別消失。這表明魯國正式取消井田制，承認私田的合法存在，爲私門勢力的增強在法律上予以保證。"初稅畝"實行以後的第四年，即公元前 590 年，魯國"作丘甲"[3]，甲指的是丘役和軍用品的征收。按丘出賦是三桓開源之舉，所謂"財竭則急于丘役"，反映的正是魯"作丘甲"的情況。之後公元前 483 年，依田畝徵賦即"用田賦"的政策實行，《左傳·哀公十二年》載："春，用田賦"。《春秋穀梁傳》曰："古者公田什一，

---

1 《左傳·昭公五年》，第 1261 頁，"四分公室"亦是"舍中軍，卑公室也。"
2 《左傳·宣公十五年》："初稅畝，非禮也。欲出不過藉，以豐財也。"，第 758 頁。
3 《左傳·成公元年》："爲齊難故，作丘甲。"，第 783 頁。

用田賦，非正也。"[1]《左傳》又釋云：

> 季孫欲以田賦，使冉有訪諸仲尼。
> 仲尼曰："丘不識也。"
> 三發，卒曰："子為國老，待子而行，若之何，子之不言也？"
> 仲尼不對，而私于冉有曰："君子之行也，廢于禮，施取其厚，事舉其中，斂從其薄。如此則以丘亦足矣。若不度于禮而貪冒無厭，則雖以田賦，將又不足。且子季孫若欲行而法，則周公之典在。若欲苟而行，又何訪焉。"[2]

《左傳》中所記"用田賦"的史實，在《論語》中亦有反映："季氏富于周公，而求爲之聚斂而附益之"[3]，《孟子·離婁上》說："求也爲季氏宰，無能改于其德，而賦稅倍他日"。無疑，三桓"初稅畝"、"作丘甲"、"用田賦"在子思看來都是私門急徵暴斂、聚積財富與民爭利的措施，是開私門之利，杜公門之益，《論語》載有季康子患盜事，孔子認爲季氏利欲太盛而致盜。[4]事實上，三桓也正是因逐利"攘奪其君，刻剝其民"[5]而在賦稅的征收中積累了富于公室的財力。子思所面臨的任務是從經濟基礎上鏟除三桓的私門勢力，因此必須開公門之惠，杜私門之利。而在某種意義上，開公門之惠與結恩百姓是一體的，"夫利者，所以得民也"（《韓非子·詭使》），公儀休不使"食祿者與下民爭利"以及輕徭薄賦的政策應是"開公家之惠，杜私門之利，結恩百姓"的思想下實行的經濟政策，子思言利重利的思想結合了魯學與齊學，具有法家的淵源，

---

[1] 《四庫全書》第 145 冊，經部一三九，春秋類，文淵閣影印本，臺灣商務印書館，第 856 頁。

[2] 《國語·魯語下》亦有記載，上海古籍出版社，1978 年，第 218 頁。

[3] 《論語·先進》第 455 頁，《論語·顏淵》中亦有"用田賦"的描述，"哀公問于有若曰：'年饑，用不足，如之何？'有若對曰：'盍徹乎？'曰：'二，吾猶不足如之何其徹也？'"，第 494 頁。

[4] 《論語·顏淵》載"季康子患盜，問于孔子，孔子對曰：'苟子不欲，雖賞之不竊。'"第 505 頁。

[5] 《論語·先進》，"季氏富于周公"，朱熹注："季氏以諸侯之卿而富過之，非攘奪其君，刻剝其民，何以得見。"見朱熹：《四書集注》，岳麓書社，1985 年版，第 17 頁。以下引《四書集注》皆該本。

是時勢使然。這對于改變魯國弱勢地位具有重要意義，亦是儒家思維模式的一個轉變，對于魯穆公變法的定性亦有決定作用。

《左傳·文公七年》引《夏書》："正德、利用、厚生，謂之三事"。但孔子不大談利，輕利而重義，《論語·子罕》云："子罕言利與命，與仁"，"君子喻于義，小人喻于利。"（《論語·里仁》）孟子亦云："雞鳴而起，孳孳為利者，蹠之徒也。欲知舜與蹠之分，無他，利與善之間也。"（《孟子·盡心上》）在儒家眼裡，義利之辨即是君子與小人之別。但在戰國諸侯力政，競相變法，目的就是富國強兵，克敵致勝，不談利是不可能的。諸侯三寶"土地、人民、政事"（《孟子·盡心下》）都與利有關，所以韓非置利于聖人三治道之首："聖人之所以為治道者三：一曰利，二曰威，三曰名"（《韓非子·詭使》），《商君書·開塞》認為"吾謂利者，義之本也。"[1]利與義相提並論，《呂氏春秋·無義》亦義利同語："義者百事之始也，萬利之本也"（《呂氏春秋·無義》）。在趨利成風的時代，儒家不談利無以立足的。

儒家輕利重義，但並不拒絕利，孔子就贊子產"惠人也"（《論語·憲問》），認為"惠則足以使人"（《論語·陽貨》），因而孔子指出"其養民也惠"（《論語·公冶長》），"君子惠而不費"（《論語·堯曰》）所謂惠民就是"因民之所利而利之"，把民與利視為整體看待，即惠民也就是富民。《說苑·政理》載："魯哀公問政于孔子，對曰：'政有使民富'。哀公曰：'何謂也？'孔子曰：'薄稅斂則富民'"，這就是子思"開公門之惠，杜私門之利，結恩百姓"，不與民爭利的思想傳統，當然子思言利重利亦有齊學影響，齊國有兩個重要人物都言利，一個是姜太公，一個是管仲。《六韜·文韜·文師》記太公之言：

> 天下非一人之天下，乃天下之天下。同天下之利者得天下，擅天下之利者，失天下，……凡人惡死樂生，好德而歸利，能生利者，道也，道之所在，天下歸之。[2]

而管仲亦有"倉廩實而知禮節，衣食足而知榮辱"之論。子思結合了儒家

---

[1] 《商君書·開塞》，見《四部叢刊》初編子部。

[2] 《六韜·文韜·文師》，《四部叢刊》初編子部。

與齊學的關于利的高論，才爲魯國制定了切合魯國國情的利民政策。惠者"分人以財"[1]也，子思的惠民政策即是牧民之道，"財使薄斂，所以勸百姓也"[2]，《文獻通考》卷二百八論述甚詳：

> 孟軻問"牧民之道何先？"
>
> 子思曰："先利之。"
>
> 孟軻曰："君子之教民者，亦仁義而已，何必曰利？"
>
> 子思子曰："仁義者，因所以利之也，上不仁則不得其所，上不爲則樂爲詐，此爲不利大矣。故易曰：'利者，義之和也。'又曰：'利用安身，以崇德也。'此皆利之大者也。"[3]

此處不論子思是否與孟子同時，然子思所言足以說明子思言利重利。其實子思重利亦是重義，反之亦然。"義者，利之和也。""利用安身，以崇德"，義利本一體，重利是因爲重義，重利以崇德，這與子思"尊賢以崇德"如出一轍，因此也最終把子思與法家分開，子思的身份應是具有法家思想的儒家，對子思言利重利的思想，著名歷史學家蒙文通先生有極精彩的論述：

> 《孟子》斥言利，而子思氏之儒飾爲此言，以明利與義調和而不相背，當亦法家者流之意也。[4]
>
> 儒之兼取法家莫著于此。[5]

蒙老之意是肯定子思重利是兼取了法家的結果，並未否定子思儒家的身份。子思言利重利是爲了順應歷史潮流，針對魯國歷史上大夫專權，魯公無勢的教訓而世推移總結出來的一條以儒學爲根本，並蓄齊學的改革思路，歷史證

---

[1] 《孟子·滕文公上》，見焦循《孟子正義》，第 391 頁。

[2] 《中庸》，《中庸》爲子思之作，今人鐘肇鵬先生曾作詳細考證，見鐘氏《子思學派的中庸思想》，《孔子研究》，中國社會科學出版社，1990 年增訂版，第 216 頁。

[3] 《孔叢子·雜訓》亦有記載，《郡齋讀書志》卷十亦有傳述。

[4] 見《蒙文通文集·儒家法夏法殷義附錄》，巴蜀書社，第 233 頁。

[5] 見《蒙文通文集·儒家法夏法殷義附錄》，巴蜀書社，第 233 頁。

明子思"開公門之惠,杜私門之利,結恩百姓"的主張是正確的,有助于興魯。

子思言利重利在子思之後的兩個大儒孟荀中亦有影響。子思後學論恒產"若民,則無恒產,因無恒心。苟無恒心,放僻邪侈,無不爲已",但孟子又說"王何必曰利"(《孟子·梁惠王上》),所以被譏爲"迂遠而闊于事情",另一大儒荀子所云:"下貧則上貧,下富則上富","明主必謹養其和,節其流,開其源"(《荀子·富國》),似能尋出子思"不與下民爭利"的惠民政策的影子。

總之,"開公門之惠,杜私門之利,結恩百性"體現了子思敏銳的政治眼光,其根本與"利用安身以崇德"的實質是一致的。而子思對"尊尊親親"的改造與言利重利性質亦是同樣的,重利以崇德,尊賢亦在于崇德。

(二)改"親親尊尊"爲"尊賢使能"

魯齊傳統治國方略《呂氏春秋·長見》篇記載甚詳:

> 呂太公封于齊,周公旦封于魯,二君者甚相善也。相謂曰:"何以治國?"太公望曰:"尊賢上功。"周公旦曰:"親親上恩。"太公望曰:"魯從此削矣。"周公旦曰:"有齊者亦必非呂氏也。"其後齊日以大,至于霸,二十四世而田成子有齊國,魯公以削,至于觀存,三十四世而亡。[1]

《呂覽》所記所蓋是頌揚周公、太公聖明之事,然其所揭示卻是魯齊兩國的建國方略,即魯主"親親上恩",齊重"尊賢上功",兩國君主正是按照周公太公所云的治國方略延續下去的,結果亦如《呂覽》所言。魯公日削的一個重要標志是世家大族三桓的興起,這是"親親尊尊"發展而來的惡果,子思深明大義,有意用齊學改造魯學。而齊魯兩國政策並非是不可逾越的鴻溝,兩者之間是可以融通的。子曰:"齊一變至于魯,魯一變至于道",朱熹注:"齊俗

---

[1] 《呂氏春秋·長見》,第605頁。《淮南子·齊俗訓》亦有載。

急功利，喜夸詐，乃霸政之餘習，魯則重禮教，猶有先王之遺風焉 ”[1]，兩國之政俗有美惡，各有所長短，既然齊可變爲魯，那麼自然魯亦可以齊爲法則，而且齊尊賢尚功確有實惠之處，“齊日以大，至于霸”（《呂氏春秋·長見》）便是事實。要改變齊強魯弱的局面，只有“急親賢之爲務 ”（《孟子·盡心上》）向齊學習。《史記·魯周公世家》亦載有周公、太公治國事跡，可與《呂覽》相驗證：

> 魯伯禽之初受封之魯，三年而後報政周公。
>
> 周公曰：“何遲也？”
>
> 伯禽曰：“變其俗，革其禮，喪三年然後除之，故遲。”
>
> 太公亦封于齊，五月而報政周公。
>
> 周公曰：“何疾也？”
>
> 曰：“吾簡其君臣禮，從其俗爲也。”
>
> 及後聞伯禽報政遲，乃嘆曰：
>
> “嗚乎！魯后世其北面事齊矣！夫政不簡不易，民不有近；平易近民，民必歸之。” （《史記·魯周公世家》）

此又爲“聖人能知微之事”，但所反映的亦是“親親尊尊”與“尊賢尚功”兩種治國的功效。雖然齊魯“變而之道有難易”，齊難魯易，但齊政的優點是顯而易見的“簡君臣之禮，從其俗也”，周公指出魯政之弊，“夫政之不簡不易，民不有近。平易近民，民必歸之”。魯要“結恩百姓”亦須從齊學，也只有“尊賢尚功”才能改變“魯從此削矣”的被動。魯講究“親親尊尊”屬慢功細火之類功夫，因而積弊愈深爲害愈烈，可謂“積重難返”。魯三桓之弊，數代魯公深受困擾而無能爲力，子思大賢，深明其故，此爲子思倡尊賢之動機。子思言尊賢仍以周公伯禽爲幟，所以在尊賢的同時亦不廢言“親親”。子思曰：“仁者，人也，親親爲大；義者，宜也，尊賢爲大”，“親親之殺，尊賢之等，禮所生也”[2]，並視“尊賢”、“親親”皆爲平治天下的“九經” （《子思子·中庸》），

---

[1] 見朱熹：《四書集注》，第 116 頁。

[2] 《子思子內篇·中庸》，黃以周輯解，中國子學名著集成珍本初編，以下所見《子思子》、《中

而尊賢卻置于"親親"之前，顯然是突出尊賢。世卿世祿的廢除，新的封建官僚制度的建立便是改造"親親尊尊"，倡導"尊尊使能"的一個舉措。《韓非子》中就記有子思言尊賢之事：

> 魯穆公問于子思曰："吾聞龐欄氏之子不孝，其行奚如？"
>
> 子思對曰："君子尊賢以崇德，舉善以觀民，若夫過行，是細人之所識也。"[1]

"尊賢以崇德"別于"尊賢尚功"，"舉善以觀民"目的是"平易近民"，使民歸服，可視爲子思治國思想的最佳注腳，相對于"親親尊尊"或"親親尚恩"而言，"尊賢"等于"舉善"，爲向穆公申明"舉善"、"尊賢"大義，子思曾以己爲例借題發揮以說穆公：

> 穆公謂子思曰："縣子言子之為善不欲人譽己，信乎？"
>
> 子思對曰："非臣之情也，臣之修善欲人知之，知之而譽臣，是臣之為善有勸也，此臣所願不可得者也，若臣之為善人莫知，莫知則必毀臣，是臣之為善而受毀也，此臣所不願而不可避者也，若夫雞鳴，滋滋以至夜半而曰：'不欲人知，恐人之譽己，臣以為斯人也者，非虛則愚也。'"
>
> （《孔叢子·公儀》）

子思以己爲例生動說明了"尊賢以崇德，舉善以觀民"的道理，在子思尊賢舉善的教訓下，泄柳、申詳得安于魯，而公儀休亦因此相魯，子思對公儀休是尊重和支持的，《孔叢子·公儀篇》記有子思與穆公言公儀休之事：

> 魯人有公儀潛者，砥節礪行，樂道好古，恬于榮利，不事諸侯。子思與之友。穆公因子思欲以為相，謂子思曰："公儀子必輔寡人，參分魯國而與之一，子其言之。"子思對曰："如君之言，則公儀子愈所以不至也。君若饑渴待賢，納用其謀，雖疏食水飲，伋亦願在下風。今徒以高官厚祿釣餌君子，無信用之意，公儀子之智若魚鳥，可也。不然，則彼

終身不躡乎君之庭矣。且臣不佞，又不任為君操竿下釣，以傷守節之士也。"

公儀潛據錢穆先生云是公儀休而誤，可信。《論語·學而》載孔子之言"無友不如己者"，子思與公儀休友，足見子思甚欣賞公儀休的為人和賢才。子思以魯穆公欲相公儀休之事大加發揮其"尊賢以崇德，舉善以觀民"的思想。上述史料對于公儀休相魯給人的印象似乎子思不欲為魯穆公說項，但史實是"公儀子為政，泄柳、子思為臣"事實上子思還是支持公儀休為魯相。兩人由道義上的朋友成為了事業上的同路人，公儀休在魯相之位上執行的政策便貫徹了子思變革的思想。

總之，子思尊賢目的是根除魯三桓內亂的世襲貴族政治，任賢使能以改變魯國現狀救魯興魯。而子思尊賢言利並非僅止于清談，而在定分上予以確定和保障。

（三）定分之說

由于子思言利重利，而"尊賢以崇德"其實質亦與利相關，但利易生爭。春秋戰國之際，諸侯並爭激烈："大國即攻小國，大家即伐小家，強卻弱，眾暴寡，貴傲賤，寇亂盜賊並興，不可禁止。"（《墨子·非樂上》）《管子·權修》亦云："野與市爭民，家與府爭貨，金與粟爭貴，鄉與朝爭治。"魯人亦"趨賈逐利甚于周人"爭利之混亂毫無秩序可言，此種情狀緣于禮崩樂壞周室衰微，利無歸屬所造成。明人顧炎武曾比較春秋戰國兩個時代的不同情勢：

> 如春秋時，猶宗周王，而七國絕不言王矣，春秋時猶尊禮重信，而七國絕不言禮與信矣；春秋時猶嚴祭祀，重聘享而七國則無其事矣。春秋時猶有赴告策書，而七國則無有矣。邦無定交，士無定主，此變于一百二十三年間，……不待始皇並天下，文武之道已盡矣。[1]

---

[1] 《日知錄·周末風俗》第十三卷，見《日知錄集釋》顧炎武撰，黃汝成集釋，上海古籍出版社，1984年，第1005-1006頁。

舊的禮樂秩序的崩潰，造成"邦無定交，士無定主"，利無歸屬，人人皆可爭之，因此須建立新的秩序以規範人與人，家與家，國與國，君臣之間的關係。而戰國前期諸侯各國興起的變法活動便是對春秋以來利益調整之後的確認，子思的定分之說應運而生。《子思子》中有一個著名的例子可作證明：

> 兔走于街，百人追之，貪人具存，人莫之非者，以兔為未定分也。積兔滿市，過不能顧，非不欲兔也，雖鄙不爭。

此即是子思的定分之說。定分之說見于《後漢書·袁紹傳》注引《慎子》，《子思子》、《商君》書並載。蒙文通、魏啓鵬兩先生皆認爲定分之說最早應出《子思子》，今從。[1]定分之源應是孔子的"正名"（《論語·子略》），但又不同于正名，正名是倫理，定分是定利的歸屬建立秩序，具有濃厚的法家淵源。文中之兔即是利，利未定，則人皆逐之而欲得，"貪人具存，人莫之非"，"積兔滿市，過不能顧"因爲兔"名花有主"，利已定，人未有爭者。"定分"之說以後發展爲法家的經典性論述，其理念精神便是要求用法律確認和保護舊的禮樂制度崩潰之後新興的封建制帶來的財產和權力再分配，這是諸侯各國在爭併過程中利益整合的必然趨勢。所以子思將儒家爲世卿世祿服務的等級名分觀念，如孔子主張的"正名"逐漸轉變爲維護新興勢力的財產私有權學說，應該說，在同時代的儒家或士人中，子思對于社會轉型時期思想觀念的轉變尤其是對于法家思想的發展、成熟、定型，作出了重要貢獻。正是在子思定分說的指導下，魯穆公時魯國已有法可依。至于是什麼法，法的內容如何，史料闕如不可考。

由公儀休的事跡以及魯穆公問子思之事可知公儀子爲政時，魯國已按定分之說建立了一套規範人們行爲的法律以代替禮樂教化，來確保君權與"食祿者不得與下民爭利"，禮教與法律的結合，其始應是子思。

從分析子思"開公門之惠，杜私門之利，結恩百姓"，"尊賢使能"與"定分"之說可知，三者之間是一以貫之，相輔相成的。從中，我們可以發現子思力圖結合齊學與魯學，德治與法治，並用以救魯興魯成周公之治，其思想確實

---

[1] 魏啓鵬：《德行校釋》，巴蜀書社，1991 年，第 101 頁。

有不同于或者說高于諸侯各國的變法之處，但總體上說，子思的思想與當時各國以法家爲主推行的變法是同一潮流的。但有的史家竟說：“對比而言，魯穆公卻是完全利用儒家政治家來進行改革的，可以說儒家改革的典型”[1]，並把它歸之爲“這也許是魯國改革成效不大的重要原因之一。”[2]這與前人所論“魯治禮而削”（《淮南子·齊俗訓》）並無差別。此種說法不合史實。其實正是因爲魯穆公未徹底實行子思的治國思想才導致變法收效不大，這主要體現在修禮鄰國上。

（四）子思“修禮鄰國”的主張

魯穆公變法成效不著，負重大責任的應是穆公，而不是子思。尤其是穆公在對齊外交問題上的決策失誤，是導致變法效果甚微的重要原因之一。穆公主張以齊爲敵，而子思的意見是修禮鄰國，這對于亟需和平國際環境以整頓內政的魯國來說是最重要的，但穆公未採納子思“修禮鄰國”的主張。子思所言鄰國主要是對齊而言。究穆公一世，魯齊之間戰爭不斷，由于戰亂，魯國沒一個和平的外部環境，難以集中人力、物力進行改革，故穆公變法的成效可想而知。平心而論，子思“修禮鄰國”與齊交好的主張有其現實意義，合乎魯國的根本利益。

首先，“魯爲齊弱久矣”[3]，魯積貧積弱的國力無以與齊抗衡，齊在春秋時曾爲五霸之首，進入戰國後，又爲七雄之一，當穆公即位時，魯的國勢僅堪與鄒相論，略強于費諸小國，充其量是“千乘之國”，但齊是萬乘之國，較之齊國，魯兵微將寡，民少國小，與齊交好實爲上策。

其次，齊魯在歷史上有過交好的關係，公元前 406 年，值穆公在位，齊田莊子卒，曾訃于魯，應當說是一個交好的信號，但穆公沒有抓住，錯失齊魯交好的良機，而且當時各國忙于內政，無力亦無心外顧，穆公以齊爲敵，當屬失策。

---

[1] 《魯國史》，第 262 頁。
[2] 《魯國史》，第 262 頁。
[3] 《左傳分國集注》卷三，《小國交魯》，江蘇人民出版社，1963 年。

　　穆公之時，魯國最大的任務是改變魯的弱勢地位，子思“修禮鄰國”的主張與齊睦鄰友好，就是基于魯國勢太弱，須整頓內政，休養民力以興魯勃魯而提出的針對性甚強的外交戰略。可以說，魯穆公變法是在戰爭間隙進行的，其艱難可以想像。據上文所列齊魯之間的戰事，穆公在位時有六次之多，其中第六次齊破魯，估計魯都亦被齊供破，但齊並未亡魯，亡魯者是楚國，無疑子思的主張有先見之明，是正確的。

　　與子思同時代的墨子，針對齊的威脅也提出過一套救魯的方案：

> 魯君謂子墨子曰：“吾恐齊之供我也，可救乎？”
> 子墨子曰：“可。……，吾願主君之上者尊天事鬼，下者愛利百姓，厚為皮幣，卑辭令，亟遍禮四鄰諸侯，驅國而以事齊，患可救也。非此，顧無可為者”。（《墨子·魯問》）

　　《魯國史》的作者認為“魯穆公並沒有採納墨子的建議，故而齊魯關係一直處于緊張狀態”。其意似乎未正確理解墨子“驅國而以事齊”之意，因為他們說：“墨子過魯時也建議穆公改革以齊為敵的政策”其意大概誤解“驅國而以事齊”為與齊交好，其實“驅國而以事齊”乃是拼全國之力抵抗齊國之意。《論語·季氏》中有“季氏將有事于顓臾”之句，其“事”釋戰事，應與“事齊”之“事”意同。墨子“遍禮四鄰諸侯”與子思“修禮鄰國”在範圍上不同，墨子的“四鄰”顯然是不包括齊在內，這由墨子所言的上下文意可知。與“魯穆公並沒有採納墨子的建議”相反，穆公以齊為敵與晉楚交好的決策與墨子“遍禮四鄰諸侯，驅國以事齊”是相同的。史載穆公“使眾公子或宦于晉，或宦于荊”（《韓非子·說林上》），對其利弊，韓非子有獨到的見解：

> 假人于越而救溺子，越人雖善游，子必不生矣。失火而取水于海，海水雖多，火必不滅矣，遠水不救近火也。今晉與荊雖強，而齊近，魯患其不救乎？（《韓非子·說林上》）

　　韓非的評論確實是善論。穆公之時雖有“韓救魯”之事，亦是僥倖。不過，若穆公以齊為敵，遍顧四鄰確無以能與齊相對抗者，唯有鄰國之鄰韓、趙、魏與楚均，與齊力量相當，穆公修好三晉及楚有其道理，但魯為齊所破敗的史實，亦說明《韓非子》並非妄加評判。

穆公緣何以齊爲敵，史無記載，前人亦無說，我姑論之。

第一、是齊魯兩國積怨太深。齊魯兩國始祖太公、周公，皆爲周室股肱，兩公夾輔成王，成王以兩人爲周室柱石，成王因此銘之，齊魯“世世子孫無相害也”（《左傳·僖公二十六年》），然春秋以來，兩國交好少，戰事多。自齊桓公稱霸，兩國勢力相比，基本上是齊強魯弱，齊魯交戰，魯敗多勝少，甚至臣服于齊。而魯是周公之後，歷代魯公向以周公爲榮，以“望國”、“諸侯班長”自居，雖然甚“恐齊之攻我”但內心卻輕視齊國，魯穆公應該有這種心理。他禮賢下士甚卑，廣招人才尤急，其願望是作“大有爲之君”，建立不世之功，魯穆公在與子思的問難請益中流露了這種心態：

> 魯穆公訪于子思曰：“寡人不德，嗣先君之業三年矣，未知所以爲令名者，且欲掩先君之惡，以揚先君之善，使談者有述焉。爲之苦何，願先生教之也。”
>
> 子思答曰：“以伋所聞，舜禹而之于其父，非勿欲善也。以爲私情之細，不如公義之大，故弗敢私之云乎。” （《孔叢子·雜訓》）

魯穆公的意思是欲顯“令名”，且“欲掩先君之惡，以揚先君之善，使談者有述焉”，亦即穆公希望“後世有述焉”（《子思子·中庸》）。顯然穆公欲雪父輩敗于強齊之恥，以齊爲敵，便是此種心態下的反映。

第二，齊魯毗鄰，齊之于魯，如虎在側。魯地與齊地接界，而魯較之于齊，勢力懸殊，齊一有動作，兵鋒所指必主魯國。《國語·齊語》載：

> 桓公曰“吾欲南伐，何主？”
>
> 管子對曰：“以魯爲主，反其侵地棠、潛，使海有蔽，渠弭于有諸，環山于有牢。”

齊魯地理位置上的利害關係，使穆公不得不提防齊的侵擾，所以魯以齊爲敵有地理上的原因。另，穆公即位之時，魯內患已止，而齊公室與私室之間的爭鬥仍在繼續，田氏專權，齊公無勢，穆公認爲有機可乘，故以齊爲敵。

上述穆公以齊爲敵從全盤和長遠來看，顯然不及子思與齊交好之見。子思與穆公外交戰略的差異反映了子思與穆公之間的公義與私情之別。這種公義與私情之別亦體現于楚簡《魯穆公問子思》子思所言"恆稱其君之惡"中。

公義是一種大道，子思的臣道亦貫穿了道的精神，正因爲這種大道公義的精神，使子思在魯穆公變法以及與其它諸侯公卿的交遊中體現了人格的獨立和君師風範。

四 子思的臣道和獨立人格

子思所生活的時代，正是中國歷史極爲動蕩的戰國前期。承春秋禮崩樂壞之緒，西周建立的宗法等級制度走向全面崩潰，新興勢力與舊勢力的爭鬥也漸趨結束，以魯穆公變法及其他諸侯改革爲標誌，各國逐步建立和確定、鞏固了君主集權爲代表的封建制度。由于新舊勢力的變換，因此導致了社會力量和意識型態的重組、整合，舊的矛盾消失了，新的矛盾卻又產生了。在時代轉型，諸侯爭並，政治權威多元化的戰國前期，士人作爲一支新生力量迅速崛起，而且士人奔走公門，以極大的熱情投身政治，如何界定君臣關係，如何確定君臣關係中臣子的職責和地位，既是當時君主和士人所關注的切身利益，又是君主與士人無以回避亟須解決的時代的課題，楚簡《魯穆公問子思》穆公與子思所探討的"忠臣"問題便是此種時代背景下的具體的個案，子思所言"恆稱其君之惡"即是子思臣道思想的突出體現，另一方面也反映了子思獨立的人格，自由的意志，是子思人格光華閃爍之處。

（一）子思的爲臣之道

（1）輔君以善，弼君之惡

子思是恪守臣道的，《孟子·離婁下》有"子思居于衛，有齊寇，或曰：

'寇至,盍去諸?'子思曰:'如伋去,君誰與守?'"焦循注:"子思欲助衛君赴難。"趙岐《章指》言"臣當營君",這是子思臣道的一個方面,更能代表子思臣道思想的是"恆稱其君之惡"輔君以善,弼君之惡的君師"心理。

"恆稱其君之惡",子思之前,正如成孫戈所云"未之有也。"子思的祖父,孔子宣揚的是"攻其惡,無攻人之惡"(《論語·顏淵》),而且"惡稱人之惡者,惡居下流而訕上者"(《論語·陽貨》),並明確地"不言君親之惡,爲諱也,禮也"(《史記·仲尼弟子列傳》),子思的"恆稱其君之惡"即"犯君之顏面,言君之過失"(《說苑·臣術》),正是對其先祖觀點的發展和闡揚,是子思"誠"的學說的踐履:

> 唯天下至誠為能盡其性,能盡其性則能盡人之性,能盡人之性則能盡物之性,能盡物之性則可以贊天地之化育,可以贊天地之化育,則可以與天地參矣,其次致曲,曲能致誠,成則形,形則著,著則明,明則動,動則變,變則化,唯天下至誠為能。(《子思子·中庸》)

"恆稱其君之惡"的境界便是"誠","誠則形,形則著,著則明,明則動,動則變",鄭玄注"動,動人心也,變者,改惡從善也,變之久則化而性善也。"(《子思子·中庸》)宋人朱熹指出"好善有誠也"[1]。此道理亦如荀子在《臣道》中所論:"故因驚也,而改其過,因其憂也,而辨其故。"王先謙注:"驚則思德,故因使其改過","辨其致憂之端則遷善也。"(《荀子集解》)王念孫認爲"憂驚者,改惡從善之機"。所以恒稱其君之惡的目的顯然是使君改惡從善,即"務引其君以當道"(《孟子·告子下》),在這方面,孟子議論甚精闢:"惟大人爲能格君之非,君仁莫不仁,君義莫不義,君正莫不正,一正君而國定矣。"(《孟子·離婁上》)焦循注:"君之定國,必先正其心之非,而臣之輔君必先自居于正"(《孟子正義》),"獨得大人爲輔臣,乃能正君之非法度也"(《孟子正義》),"恒稱其君之惡"的心理是君師或輔臣心理,顯示子思欲爲輔臣的願望即輔君以善,弼君之惡。一言蔽之,道君以教訓。

輔弼,古有四輔、三公,見《禮記·文王世子》。《文王世子》舉輔弼之名有"師,保,疑,丞。"《尚書大傳》記:"古者天子必有四鄰:前曰疑,

---

[1] 朱熹:《四書集注》,第72頁。

後曰丞，左曰輔，右曰弼。" "是爲四輔之名。"[1]《大戴禮記·保傳》裡說：
"昔者周成王幼，在襁褓之中，召公爲太保，周公爲太傳，太公爲太師。保，
保其身體；傳，傳其德義；師，道之教訓。此三公之職也。"對于此三公，《大
戴禮記》又云："明堂之位曰：篤仁而好學，多聞而道慎，天子疑則問，應而
不窮者，謂之道。道者，道天子以道者也，常立于前，是周公也。誠立而敢斷，
輔善而相義者，謂之充。充者，充天子之志者也，常立于左，是太公也。潔謙
而切直，匡過而諫邪者，謂之弼，弼者，弼天子之過者也，常立于右，是召公
也。……是史佚也。"太公、周公、召公、史佚即是四輔，是天子的親臣。天
子事之爲師。輔者，輔之爲善，弼者弼其君之過，應是子思"恒稱其君之惡"
的心理詮釋。由此可知，子思欲做"殷之伊尹，周之太公"（《荀子·臣道》）式的
聖臣，輔臣與聖臣是同等意義的。

荀子的聖臣是"上則能尊君，下則能愛民，政令教化，刑下如影，應卒遇
變，齊給如響；推類接譽，以待無方，曲成制象"（《荀子·臣道》），與子思聖臣
的心理不同的是，魯穆公只能算是個中君。舜之于皋陶"湯用伊尹，文王用呂
尚，武王用召公，成王用周公"（《荀子王霸》），都是聖君用聖臣的例子。而聖臣
"事聖君者，有聽從，無諫爭"（《荀子·臣道》）王先謙注："聖君無失"。（《荀
子集解》）聖臣事聖君之義是"恭敬而遜，聽從而敏，不敢有以私決擇也，不敢有
以私取與也，以順上爲志。"（《荀子·臣道》）王先謙認爲事聖君但"稟命而已"（《荀
子·臣道》），這就是荀子所謂"從命而利君"《荀子·臣道》然而在戰國背景下，
君主中已無聖君，子思就認爲文王以下已無聖君。[2]子思之于魯穆公猶如聖臣之
于中君，"舉直錯諸枉，能使枉者直"。（《語論·顏淵》）

聖臣之于聖君，忠的含義是從命而已，但聖君之于中君，忠的含義較之聖
君，有所不同。忠本是儒家四個修養德目之一，孔子講"言忠信"（《論語·衛靈公》）
"主忠信"（《論語·顏淵》）強調"與人忠"（《論語·子路》），孔子的道德修養，另
一方面亦是爲政之道，"修齊治平"于儒家本是一體，忠之意，鄭玄解忠爲"言

[1] 呂思勉：《呂思勉讀史札記》，上海古籍出版社，1982 年版，第 224 頁。
[2] 《孔叢子·雜訓》載子思與魯穆公問答："子思曰：'唯聖立聖，其文王乎？不及文王者則各
賢其所愛，不殊于適。'"

于中心"[1]，朱熹釋忠爲"盡己"（《四書集注》），《說文解字》認爲忠是"敬"[2]，"言于中心"、"盡己"皆有敬意，孟子說："責難于君謂之恭，陳善閉邪謂之敬"（《孟子正義》），"教人以善謂之忠"（《孟子·滕文公上》）。荀子則云"從命而利君謂之忠"（《荀子臣道》），子思事魯穆公如"事中君者，有諫爭，無諂諛"（《荀子·臣道》）。子思所謂的忠臣不僅僅是"以是諫非"（《荀子·臣道》），亦是"以德復君而化之"或"以德調君而補之"（《荀子·臣道》）。子思的這種忠臣或聖臣的心理即是輔臣或君師的心理，這就決定了子思"忠信而不諛，諫爭而不諂，撟然剛折，端志而無傾側之心，是案曰是，非案曰非"（《荀子·臣道》）的人格獨立。

子思的忠臣"恆稱其君之惡者"，欲通過正君而成爲"尊君安國"，"成國之大利"[3]的社稷之臣，但子思所爲並非是"效祿爵者也"，而是"爲義而遠祿爵"，因此子思信奉恪守著"君有過謀過事，將危國家，殞社稷之懼也，大臣有能進言于君，用則可，不用則去。"（《荀子·臣道》）子思"用則可，不用則去"是一種求"遇合"的游士心理，亦是儒家"君臣有義"的思想反映，正如孔子所言"君使臣以禮，臣事君以忠"（《論語·八佾》），"臣事君以忠"的條件是"以道事君，不可則止。"（《論語·先進》）子思的臣道是孔子臣道思想基礎上的發揚，"恒稱其君之惡"強調的是輔臣的作爲，但它的目的還是希望君臣達到一定程度的和諧，以求"以正吾身，以定天下"（《荀子·臣道》），也體現了孔子爲政，"修己以敬"，"修己以安人""修己以安百姓"（《論語·憲問》）的學說，這正是子思"恒稱其君之惡"盡己推己的思想根源之所在，子思的爲臣之道在《緇衣》中亦有論述。

（2）《緇衣》中的君臣關係

---

[1] 見孔詒讓：《周禮正義·地官·大司徒》，第 756 頁。

[2] 見《說文解字段注》許慎撰，段玉裁注，第 502 頁，又有"盡心曰忠"之語，上海古籍出版社，1981 年版。

[3] 見《荀子·臣道》，荀子云："有能比知同力，率群臣百吏而相與強君撟君，君雖不安，不能不聽，遂以解國之大害，成于尊君安國，謂之輔，有能抗君之命，竊君之重，反君之事，以安國之危，除君之辱，功伐足以成國之大利，謂之拂"，第 250 頁。子思的輔弼方式與荀子有異，然其歸宿相同。

　　子思在《緇衣》[1]中對君臣關係有具體入微的議論，在某種意義上是關于子思“恒稱其君之惡”的忠臣或輔臣之說的最好注腳。

　　儒家重君臣關係。孔子說“君君臣臣父父子子”（《論語·顏淵》），子思認爲“君臣也，父子也，夫婦也，昆弟也，朋友之交也，五者天下之達道也”（《子思子·中庸》），子思亦重君臣關係。

　　君的美惡事關治亂，其表現爲君主的好惡，審其好惡則可知君之美惡。子思指出君主“好美如《緇衣》，惡惡如巷伯則民藏私心，民情歸一。”[2]其因是“民以君爲心”（《郭店楚簡·緇衣》）“君子動而世爲天下道，行而世爲天下法，言而世爲天下則，遠之則有望，近之則無厭”（《子思子·中庸》），故“上有好者，下必甚焉”。君主好惡不慎帶來的惡果是君昏臣暗民亂，民亂則國危，因君主的好惡及于國家治亂興衰，所以君主以修身爲本，臣子亦有“章君”之美，“瘅君”之惡的責任。而瘅君之惡尤其重要，這就是《鶡冠子·道端》中所載的“正言直行，矯拂王過，義臣之功也。”其目的是使“有國者，章義瘅惡以視民厚則民情不貳”（《子思子·緇衣》），而君臣之間“爲上可望知也，爲下可述而志也，則不疑于其臣，而臣不惑于其君矣。”（《子思子·緇衣》）也只有君臣實現這種良好關係“君民者”才能做到“章好以示民俗，慎惡以御民之淫”（《子思子·緇衣》）。這就要求臣子正言直行“臣儀行不重辭，不援其所不及，不煩其所不知”，臣子唯有正己方能正君，章君之美，去君之惡。此即是趙岐《章指》所言“賢臣正君，使

<hr/>

[1] 《緇衣》乃子思所作，古文獻中已有記載。梁沈約認爲子思作《緇衣》，《文選注》引《子思子》有“民以君爲心”，與“昔吾有先正”之事，《意林》載“小人溺于人，君子溺于口”之事，三引文皆出自今本《緇衣》，而今本《緇衣》與郭店楚簡簡本《緇衣》內容大體相同，應是簡本《緇衣》的不同傳本，或今本《緇衣》即出自楚簡《緇衣》。清人黃以周對《緇衣》出于子思之手深信不疑，他說：“《緇衣篇》出自《子思子》明矣。”應當說，黃氏之言信而有徵，並非虛語，以楚簡爲據，《魯穆公問子思》列于《緇衣》篇之後，且內容上有相通之處，就是前人有意爲之的結果。另一種《緇衣》的作者與公孫子有關有必要澄清。釋文引劉瓛所言《緇衣》乃公孫尼子所作，此外再無他證，不足據。子思混淆爲公孔尼子，其因蓋有二：一是子思與公孫尼子皆爲孔門再傳弟子，又是同時代人；二是子思與公孫尼子在性上有相近之處。因而誤子思爲公孫尼子可以理解。《緇衣》是子思的作品，無論是簡本，還是今本都反映了子思的思想。

[2] 簡本《緇衣》，見《郭店楚簡》，第129頁，以下涉及簡本《緇衣》皆同。

握道機"，使君不疑，臣不惑，君臣和諧而致天下太平。

要而言之，子思的臣道其實是輔臣之道，輔君以善，弼君之惡。《緇衣》中子思對君主善惡的關注，亦是輔臣思想的反映。然而子思的臣道並不爲穆公所理解，"寡人惑矣，而未之得也"，兩人之間在臣道上的隔閡，體現在尊賢思路上的分岐。

（二）子思與魯穆公尊賢思路上的殊途

楚簡《魯穆公問子思》中有子思"恒稱其君之惡"致使穆公不悅的事，而傳世文獻中魯穆公亦常使子思不悅。《孟子》中所記魯穆公與子思事跡往往爲史家引作穆公禮尊賢士的史料，然另一方面亦說明子思與穆公在尊賢上存在著不可逾越的思想差距。《孟子·萬章下》載：

> 穆公之于子思也，亟問，亟饋鼎肉，子思不悅，于卒也，摽使者出諸大門之外，北面再拜稽首而不受，曰："今而後知君之犬馬畜伋'。蓋自是臺無饋也。"

孟子舉此例意在"譏繆公雖有悅賢之意，而不能舉用，使行其道，又不能優養終竟之，豈可謂能悅賢也。"[1]孟子認爲欲養君子"以君命將之，再拜稽首而受。其後廩人繼粟，庖人繼肉，不以君命將之。子思以爲鼎肉使己僕僕爾亟拜也，非養君子之道也。"（《孟子·萬章下》）焦循注曰："孟子曰，始以君命行，禮拜受之，其後倉廩之吏繼其粟，將盡復送廚宰之人日送其肉，不復以君命，欲使賢者不答以敬，所以優之也。子思所以非穆公者以爲鼎肉使己數拜故也"（《孟子正義》），所以子思有"今而後知君之犬馬畜伋"之嘆，失穆公尊賢之本意。子思認爲穆公尊賢不能犬馬畜之，而應該事之爲師。《孟子·萬章下》又載：

> 繆公見于子思，曰："古千乘之國以友士，何如？"
> 子思不悅，曰："古之人有言曰：'事之云乎？'豈曰友之云乎？"

---

[1] 《孟子正義》，第717頁焦循注。

孟子評價道：

> 子思之不悅也，豈不曰：“以位則子，君也；我，臣也；何敢與君友也？以德則子事我者也，奚可以與我友？千乘之君求與之友而不可得也，而況可召與？”（《孟子·萬章下》）

子思言繆公的意思很清楚，也就是穆公應事子思為師，而不是以友待之，更不能“犬馬畜伋”，子思反感“以高官厚祿釣餌君子，無信用之意”的尊賢方式，希望君主“饑渴待賢，納用其謀”若是如此，子思“雖疏食水飲”，“亦願在下風”。

在尊賢的待遇上，子思與穆公思維不同，而在取人標準上亦有異，對此《韓非子·難三》作了詳細切實的論述：

> 魯穆公問于子思曰：“……”子思對曰：“……”。子思出，子服厲伯入見，問龐㵎氏子，子服厲伯對曰：“其過三，皆君之所未嘗聞”。自是之後君貴子思而賤子厲伯也。”

韓非子就此進行評論：

> 魯之公室，三世劫于季氏，不亦宜乎？明君求善而賞之，求奸而誅之，其得之一也。故以善聞之者，以說善同于上者也；以奸聞之者，以惡奸同于上者也，此宜賞譽之所及也。不以奸聞，是異于上而下比周于奸者也，此宜毀罰之所及也。今子思不以過聞而穆公貴之，厲伯以奸聞而穆公賤之。人情皆喜貴而惡賤，故季氏之亂成而不上聞，此魯君之所以劫也。且此亡王之俗，取、魯之民所以自美，而穆公獨貴之，不亦倒乎？（《韓非子·難三》）

韓非所論流于偏頗，帶有貶抑儒家的色彩，但韓非觸及到了穆公的取人標準。穆公問龐㵎氏子不孝，貴子思而賤子服厲伯，顯示穆公在尊賢上以私情好惡為則關注細行的特點，“泄柳、申詳無人乎穆公之側則不能安其身”（《韓非子·難三》），應屬于此類，而吳起仕魯，殺妻求將，將魯破齊而“魯君疑之謝吳起”

之事更能體現穆公在用人上的私情好惡，趙岐《章指》指出孟子載"繆公之于子思也"即是刺"繆公之不宏"。子思取人異于穆公"進不隱賢，必以其道"（《孟子·公孫丑上》）。子思的進賢之道完全是從公義出發，不計出身與個人的好惡，取其所長，棄其所短，以實取人。《孔叢子·居衛》載：

> 子思居衛，言苟變于衛君曰："其材可將五百乘，君任軍旅，率得此人，則無敵于天下矣。"
>
> 衛君曰："吾知其材可將，然變也嘗為吏，賦于民而食人二雞子，以故弗用也。"
>
> 子思曰："夫聖人之官人猶大匠之用木也，取其所長，棄其所短，故杞梓連抱而有數尺之朽，良工不棄，何也？知其所妨者細也，卒成不訾之器。今君處戰國之世，選爪牙之士。而以二卵焉棄干城之將，此其不可聞于鄰國者也。"

苟變有"可將五百乘"之材，但衛君卻因其小惡"食人二雞子"而不用，其狀有誇張之嫌，但所說明的事理，亦是穆公之于吳起之類。子思認為不能以"二卵"之故而棄之不用，應"取其所長，棄之所短"，子思的用人觀是站在歷史潮流之前的，是對孔門取人傳統的繼承，亦結合吸收了齊學的用人觀。

孔夫子曾言："無求備于一人"（《論語·微子》），又說："先有司，赦小過，舉賢才。"（《論語·子路》）子思的儒家前輩講舉大德，赦小過，與魯相鄰為儒家孔子所欣賞的齊國賢人晏子，亦有相似于孔子的議論：

> 景公問晏子曰："古之利國治民者，其任人何如？"
>
> 晏子對曰：地不同生，而任之以一種，責其俱生不可得，不同能而任之以一事，不可責遍成。責焉無已，智者有不能給，天地有不能贍也，故明王之任人，任人之長，不強其短，任人之工，不強其拙，此任人之大略也。"[2]（案，晏子的前輩管子則曰："明主之官物也，任其所長，不任其短，故事無不成，

---

[1] 《史記·孫子吳起列傳》，魯君即魯穆公據《先秦諸子繫年·吳起仕魯考》。

[2] 《晏子春秋·問上》，見《四部叢刊》初編史部。

功無不立。"[1]

子思的進賢觀無疑有魯學傳統和齊學淵源,自然子思的進賢觀亦有其特點,子思以實取人,《孔叢子·抗志》記子思與衛君問答:

> (子思)曰:"君將以名取士邪?以實取士邪?"
>
> 君曰:"必以實。"
>
> 子思曰:"衛之東境有李音者,賢而有實者也。"
>
> 君曰:"其父祖何也?"
>
> 曰:"世農夫也。"
>
> 衛君乃盧胡而大笑曰:"寡人不好農,農夫之子無所用之,且世臣之子,未悉官之。"
>
> 子思曰:"臣稱李音,稱其賢才也。周公大聖,康叔大賢,今魯衛之君未必同其祖考,李音父祖雖善農,則音未必與之同也。……臣之問君,固疑君之取士不以實也。今君不問李音之所以賢才,而聞其世農夫,因笑而不受,則君取士果信名而不由實者也。"

"子思稱李音"乃是"稱其賢才"而不論其出身,適合于戰國前期世卿世祿制的廢除與士人崛起的時勢,子思舉李音與苟變反映了子思以實取人,取人之長,棄人之短的進賢觀。《孔叢子·抗志》中又記子思與齊王問答,亦表明了子思"以道進賢"的思想:

> 齊王謂子思曰:"先生名高于海內,吐言則天下之士莫不屬耳目。今寡人欲相梁起,起也名少,願先生談說之也。"
>
> 子思曰:"天下之人所以屬耳目者,欲伋之言是非當也,今君使伋虛談于起,則天下之士必改耳目矣。耳目既改,又無益于起,是兩之喪也,故不敢承命。"
>
> 齊君曰:"起之不善,何也?"
>
> 子思曰:"君豈未之知乎?厚于財物必薄于德,自然之道也。今起以貪

---

[1] 見《四部叢刊》初編子部《管子》卷。

成富，聞于諸侯，而無救施之惠焉，以好色聞于各國，而無男女之別焉。
有一于此，猶受其咎，而起二之，能無累乎？”

梁起不是子思心目中的賢人，異于李音與苟變，不是子思“取人之長，棄人之短”，而是子思以實取人的反襯。

子思與魯穆公在尊賢方式，進賢標準上的不同，最終發展至子思“不合則去”，離魯遠遊他國：

孔思請行。魯君曰：“天下之主亦猶寡人也，將焉之？”
子思對曰：“蓋聞君子猶鳥也，駭則舉。”[1]

孔思指子思，魯君即是魯穆公。子思“駭而舉”源于戰國士人“士無定主”的情勢“合則留，不合則去”，另一方面出于子思君師心理。《孟子》記曾子爲師的情狀大抵能說明子思“匡君之過，矯君之失”（《說苑·正諫》），“不用則去”的心態。

曾子居武城，有越寇，或曰：“寇至，盍去諸？”
曰：“無寓人于我室，毀傷其薪木。寇退，則曰：脩我牆屋，我將反。”[2]

孟子論曾子所爲，認爲曾子“師也，父兄也”[3]，趙歧《章指》言：“師有餘裕”，進退自由，“有能進言于君，用則可，不用則去。”孟子所云“人臣以道事君，否則奉身以退”，荀子所言“從道不從君”，皆是子思君師心理的繼承和另一種表述，與子思的主張“國有道以義率身，國無道以身率義”同理，這體現子思的獨立人格和君師風範。

---

[1] 《呂氏春秋·審應》，第 114 頁，高注：孔思，子思，伯魚之子也。《孔叢子·抗志》襲之，見《孔叢子》，諸子百家叢書，第 31 頁。
[2] 《孟子·離婁下》，見《孟子正義》卷十七，第 601 頁，曾子進退自由之事，《說苑·尊賢》亦載：“魯人攻鄪鄪，曾子辭于鄪君曰：“請出，寇罷而後復來，請姑毋使狗豕人吾舍”。
[3] 《孟子·離婁下》第 601-602 頁。爲師與交友往往相同，孔子曾云：“忠告而善道之，不可則止，毋自辱焉。”見《論語·顏淵》第 513 頁。

（三）子思的風範和獨立人格

子思的君師風範和獨立人格表現在子思對道的追求和維護，"君子志于道"，子思對道的關懷促成了子思以德抗位的倔強精神，在一定意義上說，子思就是道的載體或化身，而魯穆公之流則是權勢的代表。子思有德，穆公有位，朱子引鄭氏曰："言作禮樂者，必聖人在天子之位"（《四書集注》）。"雖有其位，苟無其德，不敢作禮樂焉，苟無其位，不敢作禮樂焉"（《四書集注》），這就是決定了德與位之間的合作與對抗，子思與穆公的合與散應是德與位之間合作與對抗的體現。子思"惟道爲大"的精神極具戰國時期的士人本色。

（1） 戰國時期士人的主流精神

在戰國時期，士志于道則爲王者師，故士人"尚志"[1]。志與道是一體的，"好德而行，士也，篤志而體，君子也。"士人與公卿各有所長，"彼以其富，我以吾仁；彼以其爵，我以吾義"（《孟子·公孫丑下》），富與仁相抗，爵與位相對，道德的尊貴並不次于權位。在這方面戰國前期的魏文侯頗有眼光，見地亦精闢："段干木光于德，寡人光于勢；段干木富于義，寡人富于財。勢不若德尊，財不若義高"（《淮南子·修務訓》），因此所謂"士貴耳，王者不貴"[2]，即能說明"勢不若德尊，財不若義高"，在士人與君主中有一定的市場，或者說，士人與君主在德與位之間的關係上取得了一致，這就有了合作的可能，也埋下了離散的矛盾。

戰國士人"志于道，據于德"（《論語·述而》），以行道爲己任，"士不可不弘毅"（《論語·秦伯》），最不能容忍的是諸侯的驕恣。《荀子·大略》記"子夏貧，衣若懸鶉。人曰：'子何不仕？'曰：'諸侯之驕我者，吾不爲臣，大夫之驕我者，吾不復見'"。諸侯公卿的驕橫表現于待賢的無禮，所以"古之賢人，賤爲布衣，貧爲匹夫，食則饘粥，然而非禮不進，非義不受"（《荀子·大略》），故"曾

---

[1] 《孟子·盡心上》："士何事？孟子曰：'尚志'"。第 926 頁。《論語·里仁》亦云："士志于道"。

[2] 《戰國策·齊四》，見《戰國策箋注》，南開大學出版社 1993 年，第 272 頁。

子衣弊衣以耕 " (《說苑·立節》)卻不受賜邑，"段干木逾垣而辟之,泄柳閉門不內。"
(《孟子·滕文公下》)如孟子所言"君子之志，至于行道，不得其禮，亦不苟往"。[1]諸
侯對士人的無禮，被視爲是對道的輕蔑，諸侯對士人的尊重，卻亦是對道的敬
慕。士人的價值是道的價值所在，正是居于對道的服膺和充分信任，士人"食
無求飽，居無求安" (《論語·學而》)，"謀道不謀食"，"憂道不憂貧" (《論語·衛靈
公》)，不以惡衣惡食無肥馬輕裘爲恥，而以道不修爲辱。在道的燭照下，士人"朝
聞道，夕死可矣。" 爲道有窮達，"士窮不失義，達不離道" (《孟子·盡心上》)。爲
道的生死觀和處世原則："士之爲人，當理不避其難，臨患忘利，遺生行義，
視死如歸。有如此者，國君不得而友，天子不得而臣" (《呂氏春秋·士節》)因此戰國
士人"志意修則驕富貴，道義重則輕王公，內省而外物輕也。" (《荀子·修身》)士
人的自信心激發了傲世主之心"故將大有爲之君，必有所不召之臣，欲有謀焉，
則就之" (《孟子·公孫丑下》)，"說大人則藐之，勿視其魏魏然" (《孟子·盡心下》)，而
傲世主之心又增強士人的自信，子思就認爲堯舜文武之道可爲：

> 孟軻問于子思曰："堯舜之道可力而致乎？"
> 子思曰："彼人也，我人也，稱其言，履其行，夜思之，畫行之，滋滋
> 焉，汲汲焉，如農之赴時，商之趣利，惡有不至者乎！" (《孔叢子·居衛》)

應當說，孟子"人皆可以爲堯舜"，荀子"涂之人可以爲禹"有子思的影
響。總之，戰國士人的主流精神在子思身上體現尤爲深刻，子思的人格既有前
輩儒家的影響，又有時代精神的烙印。

（2）子思的人格

對於子思的人格，宋明理學家嘗有評論，宋人朱熹曾說：

> 曾子大抵偏于剛毅，這終是立腳處，……到子思也恁地剛毅。[2]

---

[1] 《孟子正義》，第 725 頁，《章指》言。
[2] 胡廣：《性理大全》（一），孔子文化大全，卷三十八，第 2472 頁，山東友誼書社，1989 年版。

　　朱子認爲："孟子所稱如摽使者出諸大門之外，北面再拜稽首而不受，如云'事之乎，豈曰友之云乎'之類，這是甚麽樣的剛毅！"[1]，高度贊揚子思的人格。今郭店楚簡《魯穆公子思》，子思所答："恒稱其君之惡"亦應是子思剛毅品格的再現。孔子曰："剛、毅、木、訥，近仁"（《論語·子路》），子思的剛毅是怎樣的呢？

　　"故君子和而不流，強哉矯！中立而不倚，強哉矯！國有道，不變塞焉，強哉矯！國無道，至死不變，強哉矯！"（《子思子·中庸》）剛毅即是不偏不倚，特立獨行，不隨流俗的精神，亦即《中庸》所稱"發強剛毅，足以有執也"，是孔子"篤信好學，守死善道。危邦不入，亂邦不居，天下有道則見，無道則隱，邦有道，貧且賤焉，恥也；邦無道，富且貴焉，恥也"（《論語·泰伯》）思想的發展。子思認爲"生不足以喜之，利何足以動之，死不足以動之，害何足以懼之，故明于死生之分，通于利害之變，雖以天下易其脛毛，無所概于志矣"（《孔叢子·抗志》），用孟子的語來說是"富貴不能淫，貧賤不能移，威武不能屈"，亦是荀子所言"端志而無傾側之心"，子思在魯穆公變法中的留去表現的便是子思的剛毅，子思的留去以能否行道爲原則。在奔走諸侯公卿之門的遊說中，子思的剛毅表現爲"好大"與"安貧樂道"兩個主要方面：

A、子思以"好大"名世

　　《孔叢子·公儀》載魯人胡毋豹與子思之間的問答：

> 胡毋豹謂子思曰："子好大，世莫能容子也。盍亦隨時乎？"
> 子思曰："大非所病也，所病不大也，凡所以求容于世，爲行道也，毀道以求容，道何行焉？大不見容，命也；毀大而求容，罪也。吾弗改矣。"

　　子思"好大"依子思之言，乃是"爲行道也"，其好大應是以道爲大，"大不見容，命也。"孔子曾云："道之將行也與，命也；道之將廢也與，命也。"（《論語·憲問》）孟子亦言："正身行道，道之不行，命也。"（《孟子·公孫丑下》）子思

---

[1] 同上

以"好大"行道且"吾弗改矣",終爲世不容。因爲"好大"往往顯示爲傲世主之心,但子思也有自己的見解,《孔叢子·居衛》記曾子、子思對答:

> 曾子謂子思曰:"昔者,吾從夫子巡守于諸侯,夫子未嘗失人臣之禮,而猶聖道不行,今吾觀子有傲世主之心,無乃不容乎?"
> 子思曰:"世異時移,各有宜也。當吾先君,周制雖毀,君臣固位,上下相持若一體然。夫欲行其道,不執禮以求之,則不能入也。今天下諸侯方欲力爭,竟招英雄以自輔翼,此乃得士則昌,失士則亡之秋也,伋于此時不自高,人將下吾,不自貴,人將賤吾。舜禹揖讓,湯武用師,非故相詭,乃各時也。"

子思的"好大"被視爲"傲世主之心",而子思認爲"夫子未嘗失人臣之禮","彼一時也";子思"有傲世主之心","此一時也","世異時移,人有宜也"。子思"好大",自高自貴是爲了適應,戰國時代的發展,突出了子思不株守先賢,與時俱進的發展觀,當然子思"好大"並非是妄自尊大,盲目自貴,而是對"好大"有極爲清醒的認識:

> 子思謂孟軻曰:自大而不脩其所以大。不大矣。自異而不脩其以異。不異矣。故君子高其行。則人莫能偕也。遠其志。則人莫能及也。禮接於人。人不敢慢。辭交於人。人不敢侮。其唯高遠乎。(《孔叢子·居衛》)

子思的"好大"是"自大"而"修其大","自異"而"修其所以異","高其行","遠其志"亦即"不降其志,不辱其身"的君子之道。子思的"好高慕遠"一方面是"爲行道也"。另一方面則是"既明且哲,以保其身"。(《子思子·中庸》)由於子思好大,而子思又不見用於諸侯,因而子思情願"辭尊君卑,辭富居貴","與其屈己以富貴,不若抗志以貧賤"。(《孔叢子·抗志》)子思深信"屈己則制于人,抗志則不愧于道"(《孔叢子·抗志》),這是子思安貧樂道的思想,子思"好大"與安貧樂道之間存在著必然聯繫。

B、子思安貧樂道

　　"孔顏樂處"是儒家安貧樂道的典範，子思秉承前輩儒家"君子固窮"，君子"謀道不謀食"的教訓，身體力行"士君子不爲貧窮怠于道"（《荀子·修身》）子思認爲君子行道"君素其位而行，不願乎其外，素富貴行乎富貴。素貧賤行乎貧賤"（《子思子·中庸》），若道不能行，則"上不怨天，下不尤人"，"居易以俟命"（《子思子·中庸》）。子思居貧履賤的就是他安貧樂道的理論，《說苑·立節》記子思居衛之事：

> 子思居于衛，緼袍無表，二旬而九食。田子方聞之，使人遺孤白之裘，恐其不受，因謂之曰："吾假人，遂忘之。吾與人也，如棄之。'子思辭而不受，子方曰：'我有子無，何故不受？'子思曰：'伋聞之：妄與不如遺，棄物于溝壑。伋雖貧也，不忍以身為溝壑，是以不敢當也。"

《孔叢子·公儀》中亦有記子思居貧事跡：

> 子思居貧，其友者饋之粟者，受二車焉。或獻樽酒束脩，子思弗為當也。或曰："子取人粟而辭吾酒脯，是辭少而取多也，于義則無名，于分則不全，而子行之，何也？"子思曰："雖伋不幸而貧于財，至乏困乏，將恐絕先人之祀，夫所以受粟，為周乏也。酒脯，所以飲宴也。方乏于食，而乃飲宴，非義也，吾豈以為分哉？度義而行也。"

　　以上兩則史料說明子思"度義而行"，"貧窮而志廣"以道作爲進退、取舍的標準，正如趙岐《章指》所說"取與之道，必得其禮。于其可也，雖少不辭；義之無處，兼金不顧"。子思"緼袍無表，二旬而九食"比顏回"一簞食，一瓢飲在陋巷"（《論語·庸也》）有過之而無不及，然子思"貧而無怨"（《論語·憲問》），不受狐白之裘，"狐白之裘"與"酒脯"性質相等，不合于義，而子思受"有饋之粟"二車則合于道義，"將恐絕先人之祀，以受粟爲周乏也"。這就是孟子所謂"周之則受，賜之則不受。"（《孟子·萬章上》）子思受粟而不受狐白之裘與酒脯，亦表現了子思知足的心理，知足與行道關係密切，《孔叢子·居衛》載子思談"知足"的思想：

> 子思謂子上曰："有可以為公之尊，而富貴人眾不與焉者，非唯志乎？

成其志者，非唯無欲乎？夫錦饋紛華，所服不過溫體，三牲大牢，所食不過充腹，知以身取節者，則知足矣。苟知足則不累其志矣。"

子思在物質上的需求停留在最低生理層次的滿足，衣服"度身而衣"，溫體而已，所食"量腹"充腹即可，子思知足的特點可以避免士人"士雖懷道，貪以死祿"（《孔叢子·抗志》）毀道求容的悲劇。在子思的富貴觀點裡便洋溢著"知足常樂"，"安貧樂道"的精神追求。（《孔叢子·公儀》）載子思之言："吾之富貴甚易，而由不能，夫不取于人謂之富，不辱于人謂之貴，不取不辱，其于富貴庶矣哉"，其意是"知足則不取，何富如之？率道則無辱，何貴如之？"因此"知足不辱"（《淮南子·道應訓》）。知足對于率道有決定意義，可以說知足是率道的一個先決條件，是士人必備的品格，士人唯有知足，方能安貧樂道，而不"貪以死祿"，否則行道只是一句空話。亦因士人知足率道，故有"君子無爵而貴，無祿而富"（《荀子·儒效》）之說。

子思的安貧樂道並非是一味鄙視富貴，喜好貧賤，正如孔子所言："邦有道，貧且賤焉，恥也；邦無道，富且貴焉，恥也。"（《論語·泰伯》）"富與貴，是人之所欲也，不以其道得之，不處也；貧與賤，是人之所以惡，不以其道得之，不去也。"（《論語·里仁》）子思對於富貴與貧賤的取捨依據是道的原則，士志于道則不恥惡衣惡食，"素富貴行乎富貴，素貧賤行乎貧賤"，"國有道則以義率身，國無道則以身率義。"在安貧樂道方面，子思堪稱楷模，不誘于利，不惑于位，不隨君的意志俯仰，而是保持了獨立特行的人格，具備了自主的意識，體現了子思作爲盛德之士的君師風範。

總的說來，子思的"好大"與"安貧樂道"體現了子思剛毅的精神，反映了子思道尊于勢，德貴于位的君師心理。子思以道或義爲價值取向，譬如孔子所云："君子之于天下也，無適也，無莫也，義之與比。"（《論語·里仁》）在道與勢，德與位的對抗中，子思以道爲志，抗志以貧踐，即成孫弋之評價子思"恒稱其君之惡"所言"爲義而遠祿爵"，成孫弋可謂知子思之深。因此，在與魯穆公打交道的過程中，子思對君有所"不悅，可去也"[1]，若君有"不義而加諸己，

---

[1] 見《郭店楚墓竹簡》，第209頁。

弗受也"[1]。子思日益爲世主所不容，激發了子思的傲世主之心，這是子思不同于前輩儒家之處，亦是戰國士人彌足珍貴的人格覺醒，更是孔夫子"三軍可奪帥也，匹夫不可奪志也"[2]的發揚光大，

子思終生志于行道"拳拳服膺而弗失之矣"（《子思子·中庸》），促成了子思人格的獨立。子思這種獨立的人格，在大一統形成，君權高度集中之後受到王權的削弱淡化，秦漢士人階層中略有閃現，司馬遷就被人稱爲戰國士人精神最後回護者。秦漢之際的士人已由戰國時代王師臣友淪爲弄臣家奴，失去了人格平等和自尊，而具有自由、獨立、自主意識的士人精神，亦嬗變爲仰祿之士的士大夫精神。在君尊臣卑，君剛臣柔，君堅臣順的人格規範下，子思不能"順吾性情以道事君"則"吾不能爲舌故不能事君"的人格獨立逐漸式微，但子思的"稱其君之惡"則作爲忠臣的一個標準保留下來，成爲歷代忠臣砥礪品德，效忠君主的鏡鑒，也是明君考察臣子是否忠誠的試金石。

五　結　論

子思在魯穆公變法中提出的思想，諸如尊賢、言利定分都能在孔子學說中找到淵源，在齊學中亦能尋出聯繫。這是子思既傳孔門之統又吸收齊學，具備了一定法家思想的結果。子思開放的思想緣于戰國特定的歷史環境以及"儒分爲八"（《韓非子·顯學》）派的情勢，子思憂道之失其傳，順應歷史潮流，對儒家孔門學說有所創造發明以便與時俱進，在戰國天下大亂，諸家爭鳴的條件下，不僅爲儒學爭得了一席之位，而且使儒學日益成爲顯學。爲此，子思付出了努力，所以在一定意義上說，子思是戰國初期儒家學說的集大成者[3]。子思倡學，且以其說干世主其目的是布道行道，子思"爲魯穆公師"就是這種心理下的踐履，然"道不同不相與謀"，且"枉道而事人"爲子思所不屑，"不義而富且貴"

[1] 同上。
[2] 《論語·子罕》，第354頁。
[3] 參看高正：《諸子百家研究》，中國社會科學出版社，1997年版，第38頁。

于子思如浮雲，子思"爲義而遠祿爵"，最終與魯穆公由合作至于離散。子思去魯周遊他國，然而子思在魯穆公交遊過程中所體現出來的人格獨立和自主精神，反映了戰國士人的主流精神，對後世影響深遠，發人深思。

國家圖書館出版品預行編目資料

簡帛五行箋釋／魏啓鵬著. --初版. --
臺北市：萬卷樓，民89
面； 公分
ISBN 957-739-294-6(平裝)

1.五行 論文,講詞等 2.簡牘

291.207 89010318

簡帛《五行》箋釋

著　　　者	魏啓鵬
發　行　人	許錟輝
出　版　者	萬卷樓圖書有限公司
	台北市羅斯福路二段 41 號 6 樓之 3
	電話(02)23216565・23952992
	FAX(02)23944113
	劃撥帳號 15624015
出版登記證	新聞局局版臺業字第 5655 號
網 站 網 址	http://www.wanjuan.com.tw/
E　-mail	wanjuan@tpts5.seed.net.tw
經 銷 代 理	紅螞蟻圖書有限公司
	台北市內湖區文德路 210 巷 30 弄 25 號
	電話(02)27999490
	FAX(02)27995284
承 印 廠 商	晟齊實業有限公司
電 腦 排 版	浩瀚電腦排版股份有限公司
定　　　價	320 元
出 版 日 期	民國 89 年 7 月初版

ISBN 957-739-294-6